자신을 존중할 줄 아는 사람만이
다른 사람을 존중한다.

용기란 인간이 행복을 누리는 데
중요한 구실을 하는 요소이다.

어차피 남들은 나에게 관심 없다

어차피 남들은 나에게 관심 없다

펴낸날 2024년 4월 1일 1판 1쇄

글·그림 강산
펴낸이 이종일 강유균
편집위원 이라야 남은영
기획·홍보 김아름 김혜림
교정·교열 이교숙 정아영 나지원
경영지원 이안순
디자인 바이텍스트
마케팅 신용천

펴낸곳 알토북스
주소 경기도 고양시 덕양구 청초로 66 덕은리버워크지산 B동 2007호~2009호
전화 (02)719-1424 **팩스** (02)719-1404
이메일 gangibook@naver.com
홈페이지 www.readlead.kr
출판등록 1978년 5월 15일(제 13-19호)

ISBN 979-11-986214-0-5 (03160)

글·그림 강산

어차피 남들은 나에게 관심이 없다

쇼펜하우어의 인간관계 철학

Arthur Schopenhauer

알토북스

prologue

쇼펜하우어는 내 인생의 답을 알고 있었다

우울증과 공황장애가 겹쳤다. 어떻게든 정신을 붙잡아야 했던 2021년. 위로를 주는 유튜브나 책들을 많이 보고 읽었다. 모두 맞는 말이어서 손뼉 치며 공감했다. 하지만 그때뿐이었다. 아무리 발버둥 쳐도 기분이 돌아오지 않았고 침울해지는 기분은 반복되었다. 다들 어려운 세상에 잘 적응하고 지내는데 나만이 적응하지 못하는 것 같아 불안해졌다. 그때 쇼펜하우어 책을 접했다.

"우리가 살아가는 직접적인 목적은 괴로움이다."

이 첫 문장에 그동안 행복하기 위해 기를 쓰고 버티던 내 인생의 기준이 와르르 무너졌다. 쇼펜하우어는 나의 괴로움의 원인이

'나'에게 있지 않다고 했다. 원래 세상은 악으로 가득 차 있고 인간이 죄로서 태어났기 때문이며, 따라서 완벽한 인간은 존재하지 않는다고 다독여주었다. 그렇게 몇백 년 전의 철학자가 '사는 것 자체는 괴로운 것'이라고 정의해 주니 큰 위안과 힘이 되었다. 마치 쇼펜하우어의 염세주의 철학이 내가 힘겹게 살아내고 있는 세상을 향해 "야! 이 나쁜 새끼들아!"라고 대신 욕해 주는 느낌이었다. 그러고는 무표정한 얼굴로 "이 사람아. 힘드냐. 인생이 힘든 게 정상이야. 이 세상이 머저리로 가득 차 있는데 안 힘들 리가 있겠냐."라는 말을 툭 던지고 돌아가는 느낌이었다.

나는 그런 쇼펜하우어의 뒷모습을 향해 마치 광신도(쇼펜하우어는 미신을 믿는 광신도를 좋지 않게 서술하고 있지만)마냥 무릎을 꿇고 "깨달음을 주셔서 감사합니다."라고 거듭 감사를 드리는 본새였다.

2014년 방영되었던 〈미생〉이라는 드라마를 보면 직장 내 인간관계의 생리를 아주 잘 알 수 있다. 승진하기 위해 열심히 하는 것을 동기간의 배신으로 취급하고, 상사에게 인정받는 동료를 시기하며 자신보다 약한 동료를 괴롭힌다. 쇼펜하우어의 철학은 인간의 이기적인 이유와 본질, 인간의 불완전함에 대해 설명한다. 인간은 고통스러울 수밖에 없고 이러한 고통은 너무나 당연한 것이니 괴로워하거나 외로워하지 말라고 했다.

오늘날 우리는 힘든 시기를 살아간다. 자신과 다르면 틀린 것이 되어버리는 세상, 자신에게는 너그럽지만 타인에 대해서는 엄격한 세상, 자신의 기준이 당연한 선善이라고 착각해 다양한 기준으로 타인을 재단하며 처형하는 아이러니한 세상, 처형 방식 역시 다양하게 잔인한 세상이다. 이처럼 힘든 세상에 살고 있기에 인간 간의 갈등들은 우리에게 더욱더 큰 고통으로 다가온다.

쇼펜하우어의 염세주의는 단순히 부정적 철학이 아니다. 세상을 낙관적으로 보다가 기대가 실망으로 바뀌면 자책하고 괴로워하는 것을 차단해 주는 현실적인 철학이다. 긍정적이고 낙관적인 시선으로 세상을 보는 것도 좋지만 그런 낙관적인 마음가짐을 강요받아 사람들이 망상에 사로잡히고 더욱 괴로움에 휩싸이게 된다고 한다. 그래서일까, 그의 책에서 인간을 긍정적으로 말한 내용은 '동정同情' 부분을 제외하고는 없다.

나는 태어나 생모에게 버림받았다. 그래서인지 태어난 지 수십 년이 지난 지금도 여전히 내 출생을 탐탁지 않아 하는 친척들에게 무시당하는 게 다반사다. 직장에서 여성이라는 이유로 업무에서 배제되고 육아와 업무가 겹친 상황에서 회사와 동료에게 노골적으로 비난도 받았다. 텃세, 갑질, 막말, 쌍욕으로부터는 아무리 노력해도 나아지지 않던 상황의 연속이었다. 이러한 난관에 부딪힐 때마다 나는 '내' 잘못이라 생각하며 40년을 살았다. 살았다기보다 버텼다는 말이 더욱 정확하다.

인간들에게 질려버릴 대로 질려버렸다. 다들 왜 나만 잘못했다고 하는지 알 수 없었다. 하지만 쇼펜하우어는 "인간들은 원래 이기적이고, 원래 불완전하며, 원래 무지하다. 그러니 인생은 고통이다. 행복은 없다(엄밀히 말하면 고통이 없는 상태를 행복이라 했지만, 적극적인 요건을 필요로 하는 행복은 없다)."라고 하니 마치 내 흙빛 인생에 한 줄기 빛이 들어온 것 같았다.

한동안 공황장애를 치료받으며 독서를 시작했다. 그때 읽은 쇼펜하우어를 통해 많은 생각으로 어질러진 머릿속의 생각이 시나브로 정리되면서 내면의 힘이 생겼다.

'내 부모는 바뀌지 않는다. 나를 탐탁지 않게 생각하는 친척들도 변하지 않는다. 직장에는 여전히 막말하고, 갑질하고, 언제든 괴롭혀 주겠다며 드릉드릉 시동 거는 동료들도 변하지 않는다. 주변 상황은 그대로다. 업무는 금방 적응했지만 인간관계는 여전히 힘들다.'

주변 동료나 친구들과 이야기해 보면 나만 인간관계를 힘들어하는 게 아니었다. 타인들 역시 나와 같은 인간관계의 결핍에 힘들어하고 있었다. 이 사실에 위안을 받으면서도 이것이 쇼펜하우어가 말한 질투에 해당된다고 생각하니 뒷맛이 씁쓸했다.

어쨌든 인간관계에 힘들어하거나 사는 게 고달픈 사람들에게 내가 알고 있는 쇼펜하우어를 알려주고 싶다. 인간에 질려 고통에 빠져있다면 내가 이해한 쇼펜하우어를 조금 쉽게 알려주며 위로와 위안을 전하고 싶다. 부디 이 책이 인간관계에 조금 힘을 빼고 고통이 없는 행복의 인생을 살 수 있는데 보탬이 되었으면 좋겠다.

라면 하나 끓여 먹고 행복한 기분으로_강산

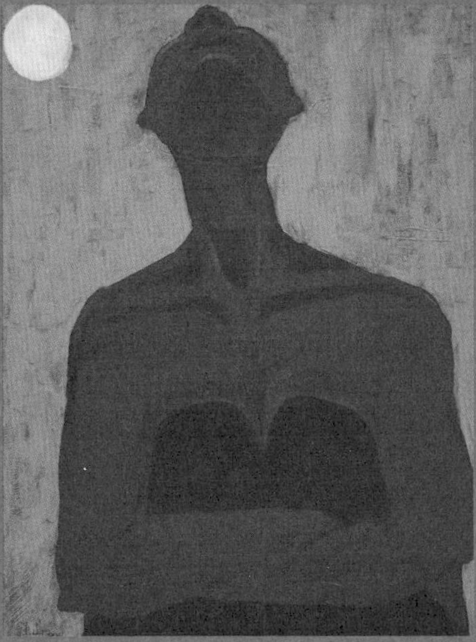

“

인생의 저울에는 고통과 권태가 놓여 있다.
인생이 고통이라면 삶의 기준을 타인이 아닌 자신에게로 옮겨
진짜 행복을 위한 고통을 겪어 보라.
어차피 타인은 나에게 관심이 없다.
자기 자신으로 행복해하라. 오늘 하루도 인간관계 때문에
힘겨운 시간을 보내고 있다면, 쇼펜하우어의 지혜 속에서
더 나은 삶과 화해의 악수를 나눠 보자.

”

차례

제4장 고통과 함께 살기

제5장 행복과 친해지기

제6장 나에게 관심 쏟기

epilogue

무엇인가를 선택해야 할 때는 충분히 고민해야 한다.
고민만으로 답이 나오지 않을 때는 각 선택의 장단점을 종이에 정리해 보자.
그렇게 하면 감정적으로 가려던 단점에 대해
잘못된 선택을 하지 않게 된다. 충분히 고민한 선택에는 후회하지 말아야 한다.
내가 한 선택이니까.

제1장

관계 속에서 우리

Arthur Schopenhauer

수많은 관계 속에서 늘 "왜?"라는 의문이 떠나지 않는다.
상대방의 이해되지 않는 행동의 뿌리에는 늘 '이기심'이 있다.
그 '이기심'에는 돈, 명예, 승진 등이 기반하고 있었다.
각자의 이기심이 난무하는 직장생활에서
우리는 어떤 태도를 가지는 것이 맞을까.

누구나 이기적일 수밖에 없다

직장에서는 별의별 사람을 다 만난다. 그런데 쇼펜하우어의 말대로 제대로 된 인간은 없기에 제대로 된 동료를 찾는 것 또한 매우 어렵다.

부서에 심각한 문제가 발생했다고 가정해 보자. 그때 그걸 공론화하여 모두가 추구하는 올바른 선善의 방향으로 이끌어가는 동료라면 회사에 없어서는 안 될 존재이고, 다른 동료들로부터도 추앙받을 동료일 것이다.

하지만 자신의 신념이 곧 정의正義라고 생각하는 사람은 골치 아픈 부류이다. 이런 사람들은 자기 확신 여부에 따라 세 부류로 나눌 수 있다.

첫 번째는 머리가 좋으면서 자기 확신이 충만한 사람이다. 이들은 자기 확신을 주변에 강요하고 동조하기를 적극적으로 바란다. 이들은 회사의 불합리한 처우 개선을 위해 싸울 줄 안다. 눈치도 빨라 회사 돌아가는 분위기를 금방 파악하고 어떻게 처세해야 손해 보지 않고 이익을 얻을 수 있는지 잘 안다. 손해를 보더라도 최소한으로 줄일 방법을 강구 할 것이다. 동료들은 그의 처세를 보며 감탄을 마지않는다. 이들이 양심이나 인성까지 갖추고 있다면 동료에게 인정받고 존경받는다. 이런 사람과 함께 일하면 좋다. 하지만 이런 사람은 매우 드물다.

만약 머리가 좋고 자기 확신이 충만하지만 인성이 갖춰지지 않은 자라면 회사에서 카르텔을 형성하여 일명 패거리 문화의 우두머리가 될 여지가 있다. 이런 사람들은 매우 교활하여 자신의 이익을 위해 다른 사람을 잘 이용한다. 놀라운 것은 상대가 이용당한다는 사실을 눈치채지 못한다는 것이다.

두 번째는 머리는 좋지만 자기 확신이 없는 사람이다. 이들은 안타까운 부류이다. 머리가 좋음에도 자신감 부재 탓에 그 좋은 머리를 썩힌다. 회사 측면에서도 인력 손실이다. 이런 사람은 외로움을 많이 느끼고 자책을 많이 한다. 이들이 자신감을 얻는다면 분명, 본인에게나 회사, 동료에게 큰 도움이 될 사람이다. 하지만 주변에서 그를 알아보지 못하는 경우가 많다.

쇼펜하우어는 머리가 좋은 천재일수록 외롭다고 했다. 천재는 세상을 보는 눈이 높아 모든 것이 하찮아 보이고 다른 사람이 보잘것없어 보이기 때문이다. 그렇기에 그들은 주위에 원숭이나 앵무새가 있을 뿐 자기와 비슷한 사람을 찾아볼 수가 없다고 생각한다. 인간이라고 생각하고 상대했는데 나중에 원숭이였다는 사실을 알고 실망한다는 것이다.

세 번째는 머리는 나쁜데 자기 확신이 충만하여 주변에 강요하는 사람이다. 동료로 만나면 최악의 부류 중 하나이다. 쇼펜하우어는 이런 사람을 '어려서 직관을 경험하지 못하고 책으로 개념만 배운 자'라고 했다. 이론을 잘못 해석하여 자기 신념이 인간 세계의 최고선善이자 정의正義라고 생각한다는 것이다. 그러나 자기 신념이 최고선이라고 생각하는 것 자체부터 모순이다. 선善은 절대적일 수 없어 최고선도 없기 때문이다. 하지만 이런 사람들은 신념이 너무 강해 자신의 선이 받아들여지지 않으면 분노, 격정, 증오, 공포를 고스란히 드러낸다.

이런 사람들은 머리 좋은데 자기 확신이 강한 사람보다 훨씬 더 활발하게 활동한다. 이러한 횡보가 머리 나쁜 것을 감추기 위해서지만 그렇게 할수록 자기 아킬레스건을 더 드러낸다는 사실을 모른다. 이런 사람들이 곁에 있다면 그의 격정에 휘둘려서는 안 된다. 그런 사람이 당신에 대해 이러쿵저러쿵 이야기하더라도 미워하는 마음을 가질 필요가 없다. 그런 사람들의 말을 묵살하는 것으로 당신의 위대함을 보여주는 게 낫다. 상대적으로 자신이 문제라고 부르짖는 일에 다른 사람들이 가만히 있다면 자신이 이런 부류에 있는 사람은 아닌지 깊이 생각해 봐야 한다.

인간은 이기적일 수밖에 없고 자기중심적일 수밖에 없다. 자신의 수준으로 세상을 보고 자신이 설정한 기준으로 모든 것을 해석한다. 이를 쇼펜하우어는 의지의 객관화로 설명한다. 모든 개체는 자신을 세계의 중심으로 여겨 먼저 자기 생존과 복지를 고려할 뿐만 아니라 이것을 위해 다른 것을 희생으로 바칠 준비가 되어 있다고 한다. 드넓은 바다에 그저 물 한 방울인 자신을 위해 세계도 멸망시킬 수 있다는 것이다. 이는 긴 인류의 역사를 통해서도 알 수 있다.

의지의 객관화는 개별화의 원리를 형식으로 갖고 있다. 의지는 무수한 개체로서 같은 방식으로 양면(의지의 표상)에서 완전하게 나타난다. 따라서 모든 개체는 자신이 전체적인 의지 또 전체적으로 표상이 된다. 하지만 그 밖의 개체는 그저 표상으로 다가오는 것에 불과하다. 그러므로 누구나 자신의 본질과 유지가 다른 어떤 것보다 우선한다.

의지가 객관화된 고차원의 인간 외에도 이기심은 모든 객체에 존재한다. 동물이 식물을 섭취하는 것, 곤충이 다른 곤충을 잡아먹는 것, 동물이 다른 동물을 잡아먹는 것 모두 이기적 행동이다.

동물의 먹이사슬을 생각하면 이해하기가 쉽다. 먹이사슬의 위에 존재하는 생물에게 아래 단계에 존재하는 동물은 그저 먹이의 표상일 뿐 그 이상도 이하도 아니다. 따라서 자신을 위해 언제든 잡아먹어도 된다고 본다.

조금 더 고차원적인 인간에게 대입해도 이는 동일하다. 다만 인간은 추상적인 인식이 가능하기에 동물의 이기심보다 조금 복잡하다. 다른 사람의 죽음은 알게 되어도 개인적으로 관계없다면 꽤 냉담하게 반응한다. 하지만 자신의 죽음은 세계의 종말이라고 여긴다. 이에 쇼펜하우어는 인간의 의식에서 인식, 고통, 희열과 마찬가지로 이기심 또한 최고도에 달했음이 틀림없다고 봤다. 이기심으로 제약받는 사람들의 투쟁은 가장 무섭게 나타나게 된다는 것이다. 모든 법칙과 질서에서 군중이 해방될 때 이를 명확하게 알 수 있다면서 홉스의 '만인의 만인에 대한 투쟁'을 예로 들었다. 자신이 갖고자 하는 것을 남에게서 빼앗으려고 할 뿐만 아니라 자기 행복을 조금 더하기 위해 남의 행복이나 생활 전체를 파괴하는 일까지도 있다는 것이다.

흔히 사람들은 큰 인물의 도량을 찬양한다. 하지만 쇼펜하우어는 이러한 도량은 타인에 대한 심한 모멸감에서 비롯되는 것이라고 보았다. 위대한 정신의 소유자는 주위 사람들을 자기와 동등하게 보지 않으며 그들에게 기대하지 않는다. 그래서 인간이 미련하고 분별력 없는 동물을 탓하지 않는 것처럼 자기보다 못하고 저속한 사람에게 큰 아량을 베푸는 것이다. 인간관계의 집약체인 직장생활을 잘하기 위해서는 우리에게도 이러한 도량이 가끔 필요하다.

자기 의지에서
고통과 괴로움이 싹튼다

"이건 네 직업일 뿐이야. 직장에 네 인생 전체를 다 걸지 마."

직장생활에 신물 나고 동료들이 괴물로 보여 힘들 때, 나를 보다 못한 선배가 내게 해준 말이다.

우리는 인간관계에서 스트레스를 많이 받는다. 직장에서 업무는 시간이 지나면 익숙해지기에 일이 힘들고 어려워서 스트레스를 받는 경우는 적다. 하지만 갑질하는 상사, 막말하는 동료, 과장하거나 거짓말로 이간질하는 동료, 직장 내 괴롭힘, 자기 생각을 타인에게 강요하는 동료 등. 일일이 열거하기도 힘든 많은 종류의 인간 유형에는 쉽게 적응이 어렵다. 한 인간에게 겨우 적응했다 싶으면 새로운 악당이 나타나는 경험을 너무나 많이 겪어보았다.

인간은 왜 이기적이고 이간질하며 타인에게 무례하고 심각한 경우 범죄를 저지를까?

쇼펜하우어는 인간의 본질을 파헤쳐 그 이유를 설명했다.

"인간은 객관과 주관으로 이루어져 있다. 반면 세계는 '주관'이 겉으로 드러난 표상으로 시간과 공간, 인과성으로 이루어져 있다. 이러한 것들은 '객관'이다. 모든 것을 인식하면서 어떠한 것에 의해서도 인식되지 않는 것이 '주관'이다. '주관'은 세계, 그러니까 객관의 담당자이며 모든 현상과 객관에 널리 관통하는 전제조건이다. 왜냐하면 존재하는 모든 것은 주관에 의해서만 존재하기 때문이다."

그의 말대로라면 우리에게 보이는 모든 것은 개인의 주관이 담긴 표상表象이다. 그러니까 주관은 표상 작용을 하는 모든 존재에서 분리되지 않은 채 존재하는 것이다. 이를 뒤집으면 객관은 주관에 의해서 표상으로서만 존재한다는 것이다.

표상의 시간과 공간, 인과관계는 오성悟性에 대해, 오성에 의해, 오성이 있어서만 존재한다, 오성은 원인과 결과를 인식하는 능력이다. 그러기에 개인이 느끼는 오성의 예민도에 따라 원인과 결과를 파악하는 정도에 차이가 생긴다. 오성의 결여는 '우둔'이다. 우리가 '우둔하다.'라고 하는 것은 쇼펜하우어가 말하는 오성에 의하면 '오성이 부족한 것.'이다.

인식 주관이 드러난 것이 세계의 표상이다. 이런 인식 주관이 '의지'인데 그의 본질, 행위, 운동의 내적 동기를 보여준다. 의지의 참된 행동은 필연적으로 육체의 운동이다. 그가 실제로 행동하고자 한다면 동시에 육체의 운동으로 나타남을 지각하게 된다. 즉 육체의 동작은 의지의 객관화된 행위, 직관 속에 나타난 행위에 불과하다.

참되고 순수한 직접적 의지 행위는 직접 외부에 나타나는 육체 행위이다. 따라서 육체에 끼치는 작용은 모두 의지에 대한 작용이다. 그 작용이 의지에 거슬리는 경우 고통이라 부르고 의지에 맞는 경우 유쾌 또는 쾌락이라 부른다. 이것들의 단계적 차이는 다양하나 고통과 쾌락은 결코 표상이 아니고 의지의 현상이다.

결국 인간이 의지에 갖는 인식은 육체에 있어서는 의지의 직접적 감응이기에 둘을 분리할 수 없다. 육체는 인간의 의지를 인식하기 위한 조건이 되는 것이다. 따라서 육체가 없으면 의지를 표상할 수 없게 된다.

동기는 '이' 시간에 '이' 장소에서 '이' 상황이 의지하는 것을 규정할 뿐이다. 그 이상으로 의지한다는 '것'과 또 내가 의지하는 '것'을 특징짓는 준칙을 규정하는 일은 없다. 오직 주어진 시점에서 의지 작용의 발견을 규정하는 것에 그치고 내 의지가 따로 나타나는 기회일 뿐이다.

쉽게 이야기하면 인간에게는 주관의 인식인 '의지'라는 본질이 있다. 그 의지가 겉으로 표현되기 위해서는 육체라는 제한적인 '객관'이 필요하다. 그리고 육체가 존재하기 위해서는 시간과 공간, 인과관계가 필요하다. 이들 간의 인과관계를 파악 하는 것은 '오성'이고, 의지를 육체로써 표현하기 위한 기회는 '동기'이다.

쇼펜하우어는 이와 같이 말한다.

의지의 객관화 단계에서는 필연적으로 모든 종류의 개체들 사이에 끊임없는 투쟁이 벌어진다. 그로 인해 살고자 하는 의지에 내적 저항이 나타난다. 투쟁의 근원인 의지는 육체의 '자기 긍정'을 무수한 개체 속에 '고유한 이기심'으로 나타낸다. 또한 이기심을 넘어 다른 개체에도 존재하는 의지를 '부정'하기도 한다. 그것의 발현으로 다른 개체의 의지에 대한 긍정의 한계에 침입하는 것이다.

즉, 다른 개체를 파괴하거나 손상하는 방법 혹은, 침입하는 개체가 다른 개체의 힘이 발휘되는 것을 방해하여 강제로 '자기' 의지(침입하는 개체의 의지)에 도움이 되게 한다. 다른 개체의 육체의 힘을 빼앗음으로써 '자기' 의지를 돕게 하여 자기 육체의 힘을 증대하고, 다른 육체에 있는 의지를 부정하여 자기 의지가 육체를 넘어선 긍정하는 결과를 가져오도록 한다. 의지의 객관화 단계에서 벌어지는 투쟁의 근원으로 '이기심'이 발생하는 것이다.

반면, 부정당한 인간은 자기 육체의 긍정 영역을 다른 개체가 부정하며 침입해 오는 것에 직접적이고 정신적인 고통을 느낀다.

타인의 의지에 침범하여 부정(고유한 이기심)하는 이유는 다음과 같다.

첫째, 인간은 삶의 의지가 자기 육체에 대한 긍정보다 훨씬 격렬하게 나타나기 때문이다. 이 격렬한 의지는 격렬한 고뇌와 구별될 수 없다. 격렬한 의지의 결핍에서 격렬한 고뇌가 생기기 때문이다. 그러기에 자신에게 이익이 되지 않아도 타인의 고뇌에 기뻐하는 것은 진짜 '악惡'이다. 타인의 고뇌가 자기 의지의 목적을 달성하기 위한 수단이 아니라 '목적'으로 사용되어 버리기 때문이다.

둘째, 인간은 개별화의 원리에 따라 타인과 자신이 구별된다. 타인의 본질은 본인과 전혀 상관이 없다. 그러기에 다른 개체(타인)의 의지에 대한 침입이 가능한데 그 형태는 다양하게 나타난다. 신체에 대한 직접적인 침해인 살인, 상해, 폭력이 그것이다. 직장에서는 간계奸計(간사한 꾀)로 나타난다. 신체에 대한 직접적인 가해나 간계 모두 도덕적 본질에서 보면 같은 악이다.

여러 가지 부정은 침입하는 사람이 타인의 개체를 강요하여 자기의 의지에 봉사하도록 하고, 자신의 의지로 행동하도록 유도한다. 간계는 동기, 즉 인식을 거친 인과성에 의해 달성된다. 타인의 의지에 침범하려는 개체가 상대의 의지에 가상의 동기를 보여주며 인식을 위조함으로써 부정을 행한다. 속임수로 자기 의지를 위해 타인의 의지에 교묘하게 침입해 본인을 위한 행동이라고 믿게 하는 것이다. 그로 인해 상대는 '자기' 의지에 따른다고 여기지만, 사실은 '이기적 개체'의 의지에 따르는 것이다. 이러한 간계에 의한 부정은 우회로를 취하지만 결국 약점을 폭로하고 그 사람을 깎아내리는 행위이다.

이러한 부정에 침입당한 사람은 부정으로 대응할 수 있다. 이때의 부정은 '정'이 된다. 자신의 의지를 정의 수준으로 보존하기 위한 것일 뿐 타인의 의지에 침입하는 행동이 아니다. 형법상 정당방위가 그것에 해당하겠다. 예를 들어 상대방의 불법적인 폭행행위를 막기 위해 물건으로 방어하다가 상대방에게 상처를 입히는 경우, 부정에 대응한 행위로 부정의 결과가 나왔으나 부정의 결과는 결국은 정이 된다.

쇼펜하우어가 말하는 인간은 자신의 본질인 의지를 긍정하는 것이 강렬하다 보니 타인의 의지를 침범하게 된다. 그 침범의 방법은 신체적 가해나 속임수를 이용한 간계로 다양하게 나타난다. 그리고 그 침범은 이기심에서 출발하기도 하고 단순한 악의에서 출발하기도 한다. 이러한 부정에 대한 개인의 투쟁이 계속해서 나타나는 것이 인생 괴로움의 원천이다. 그래서인지 쇼펜하우어는 행복이 즐거움이 '있어서'가 아니라 고통과 괴로움이 '없어서'라고 했다.

살아남기 위해
어쩔 수 없이 속고 속인다

19년째 직장에 다니고 있다. 길다면 긴 시간이지만 여전히 회사에서 만나는 사람들은 늘 새롭다. 사회생활 초년기에는 다양한 사람들에 적응하지 못해 스트레스와 상처를 많이 받았다. 지금은 여러 부류의 사람이 있음을 인정한다. 그러나 아직도 적응이 안 되는 부류들이 있다. 교육 수준과 다르게 상대방을 이해하려는 노력 없이 자기 입장만 내세우는 사람들이다. 그들을 만나 대화할 때면 나도 모르게 질문이 생긴다.

자신과 처지가 다름에도 말을 함부로 하는 사람들

▶상대방이 왜 그럴 수밖에 없는지 고민해 봤을까?

실수했다고 극히 분노하며 무안 주는 사람들

▶자신은 단 한 번의 실수도 없이 완벽한 사람인가?

말로써 다른 사람의 인생을 망치는 사람들

▶자신은 거기서 자유로울 수 있을까?

자신이 돋보이고자 누군가를 창피 주는 사람들

▶그렇게 하면 자신의 부족함이 채워지는가?

직장에서 중요한 것 중 하나는 적이 생기지 않도록 하는 것이다. 적 없이 두루두루 잘 지내라는 말이 아니다. 적어도 나를 적으로 생각하는 사람이 적게 하고 혹시 모를 공격에 대비해야 한다는 말이다.

나와 타인은 환경과 처지가 다르므로 서로 완벽히 이해하기란 불가능에 가깝다. 오해가 생기거나 불신이 생기고 비난하는 것이 어쩌면 당연한 일이다. 하지만 나와 다르다는 이유로 굳이 적을 만들 필요는 없다. 만들어진 적은 언제 어느 순간에 내 앞길을 방해한다.

쇼펜하우어는 남의 견해에 반박하지 말라고 했다. 상대가 믿고 있는 모든 부조리를 완전히 이해시키려면 므두셀라[1]만큼 오래 살더라도 불가능하다는 것이다. 또한 타인과 이야기할 때는 호의라 하더라도 상대의 잘못을 지적해서는 안 된다고 했다. 타인의 감정을 상하게 할 뿐 잘못을 바로잡기는 매우 어렵기 때문이다.

누군가의 이야기를 들을 때 그 말이 이치에 닿지 않더라도 제삼자인 우리는 끼어들 필요가 없다. 단지 그들이 서투른 연극을 하고 있다고 생각하면 된다. 이들은 상대의 흠을 집어내기를 좋아하는 사람들이다. 자신의 평판이 떨어질 것을 두려워하여 다른 사람의 흠으로 자신의 흠을 덮으려 한다. 그래서 "내가 당신을 무시해서 하는 말이 아니라." 혹은 "기분 나빠지라고 하는 말은 아니니 오해하지 말고 들어봐."라는 말을 자주 한다. 그 말은 결국 "당신을 무시하고 있다.", "기분 나쁜 말을 하겠다."라는 것과 같다.

---

1 구약성서에 나오는 인물로 969세까지 생존했음.

이에 대해 쇼펜하우어는 당신의 견해를 남에게 이해시키려면 괜히 열을 올리지 말고 끝까지 냉정한 태도로 이야기하라고 했다. 대화에서 자신의 본모습이 드러나기 때문이다. "말로 천 냥 빚을 갚는다."라는 우리 속담이 있다. 말로 많은 것을 잃을 수도 있고 얻을 수도 있다는 의미다. 대화에서 중요한 것은 수려한 언변이 아니라 신중함이다.

"격한 어조로 말하지 마라."라는 가르침은 해야 할 말은 요령 있게 하고 그 해석은 상대에게 맡기라는 뜻이다. 그리고 저마다의 행위를 세밀히 관찰하여 기억해 두라고 했다. 그들이 지닌 가치를 따진 다음 그에 맞는 언행을 취해야 한다는 뜻이다. 상대의 고약한 성격을 파악하고 곧 잊어버리는 것은 마치 애써 모은 돈을 창밖으로 내던지는 것과 같다.

사람은 화가 나면 분별력을 잃고 올바른 판단을 하지 못한다. 그로 인해 사실을 왜곡해 해석하게 된다. 그러면 점점 더 화가 나고 분별력은 더 없어진다. 이때 분노나 증오를 얼굴에 드러내는

“

오늘을 사는 '나'를 지켜보면 갈등과 번민의 연속이다.
특히 인간관계의 문제는 한시도 '나'를 가만두지 않는다.
관계로 엮인 '우리'의 테두리에서 '나'는 어떤 위치를 잡고 서야 하는가.
쇼펜하우어의 말에 귀 기울여 보자.

”

것은 무익하고 위험하며 어리석고 웃음거리가 되는 일이다. 게다가 이미지까지 안 좋아진다.

그러므로 화가 날 때 자신이 화가 났음을 빨리 알아채야 한다. 화가 나는 그 사건을 머리에서 빨리 없어지도록 노력해야 감정이 조절이 쉬워진다. 여기에 더해 냉정함을 유지하면서 자신의 의견을 차분히 말할 수 있도록 평정심을 유지해야 한다.

반려견 중에 치와와의 특성이 분노라고 한다. 작은 몸집으로 공격을 많이 받다 보니 생긴 생존본능의 반응이다. 사람도 마찬가지다. 약한 자신이 탄로 날까 두려운 사람들은 먼저 상대를 공격한다. 그러므로 타인에게 이해되지 않는 공격이 있을 때는 그를 치와와로 생각하면 된다.

직장 상사 중에는 간혹 자신이 '상사'임을 증명하고 싶어 하는 사람이 있다. 부하 직원들이 자신에게 얼마나 충성하는지, 자신에게 존경심을 지니고 있는지 알고 싶어 하는 사람들이다. 그런 상사들은 업무보다는 그것에 더 집중하고 치중한다.

그런 상사에게 맞서는 것만큼 어리석은 일은 없다. 상사가 당신과 스타일이 맞지 않고 어리석은 사람이라도 그를 이기려는 것은 멍청하며 위험한 행동이다. 발타자르는 '상대보다 우월한 감정을 느끼고 그와 같이 행동하는 것은 혐오스런 일'이라고 했다. 상사는 직장에서 더 오래 근무한 선배이며 당신의 승진이나 인사와 관련하여 영향력이 있다. 때문에 굳이 상사를 적으로 만들 이유가 없다. 상사를 적으로 두는 것은 당신이 원치 않는 결과를 불러온다. 그렇다고 과하게 아첨할 필요도 없다.

로마의 황제 마르쿠스 아우렐리우스는 《명상록》에서 다음과 같이 이야기한다.

"사람들은 서로를 경멸하면서도 서로에게 잘 보이려 하고 서로를 밟고 일어서려 하면서도 서로에게 굽신거린다. 그저 우쭐함 없이 겸손하게 받고 주저함이 없이 기꺼이 내어주면 될 것이다."

손자는 《손자병법》에서 다음과 같이 전투 방법을 정리했다.

병자궤도야兵者詭道也(전쟁은 속이는 것이다)

이이유지利而誘之(미끼를 던져 적을 유인하라)

난이취지亂而取之(혼란시켜 공격하여 차지하라)

실이비지實而備之(상대방의 실력이 월등하면 수비만 하라)

강이피지强而避之(상대가 강할 때는 피하는 게 상책이다)

노이요지怒而撓之(적을 화나게 하여 소란한 일을 만들라)

비이교지卑而驕之(비굴하게 굴어서 상대를 교만하게 만들라)

일이로지佚而勞之(적이 쉬면 괴롭히라)

친이리지親而離之(서로 친하면 이간질해라)

출기불의 공기불비出基不意 攻基不備(공격은 예상 못 한 시점에 그것도 방비가 없는 곳에 하는 법이다)

인간관계는 역시 전쟁에 비유할 수 있다. 전쟁은 직관적으로 하면 이길 수 없다. 자신을 낮추며 간사한 꾀를 내고 상대를 이용하기도 하는 등 여러 전술이 필요하다. 인간관계도 속고 속이는 것이다.

직장은 마르쿠스 아우렐리우스가 말한 '얽히고설킨 인간관계의 집약체'라고 보면 된다. 그러기에 사람과 사람 사이에서 흔들리지 않고 우뚝 서는 것이 현명하다.

복수심을 불태우지 말고 동정의 물잔을 준비하라

자신과 전혀 상관없는 사람의 죽음에 슬퍼하는 사람이 있다. 쇼펜하우어는 이 현상을 남이 고통을 받는 것을 보았을 때, 자신이 충분한 동정과 애정을 가지고 대하면 그 사람을 구원할 것이라고 굳게 확신하기 때문이라고 풀이했다. 이들은 남을 구해주려는 강한 마음을 가지고 구원을 청하는 사람이다. 그러면서 타인이 고통을 받는 것 이상으로 자신도 고통을 받고 있다고 느낀다. 누구든 동정의 눈으로 보면서 자신과 타인의 경계가 허물고 나 아닌 남을 참된 의미의 '나'로 간주하는 것이다.

동정은 이기심과는 반대되는 개념이다. 이기심은 자신의 의지를 위해 강제로 타인의 의지를 돕게 하는 것인데 비해, 동정심은 자신의 의지와 타인의 의지 사이 경계가 없다. 그로 인해 타인의 의지를 자신의 의지와 동일시하고 아픔에 공감하는 것이다.

따라서 '우는 것은 자신에 대한 동정'에서 출발한다. 쉽게 말하면 자신의 고통이 아니라 타인의 고통 때문에 울기도 하지만 그 사람의 운명에서 자신의 숙명을 보고 자신의 신세를 한탄하며 우는 것이다. 그리고 슬프게 우는 자신에게 동정을 느끼며 또 운다.

그들은 죽은 사람이 세상을 떠나 영영 이별했기에 우는 것이 아니다. 그 죽은 이가 오랫동안 힘겹고 절망적인 고통을 겪어 죽음이 구원이었던 경우에도 역시 운다. 오직 그의 마음을 사로잡는 것은 인간 전체의 숙명에 대한 동정이다. 달리 보면 진정한 인류애이고 순수한 사랑이다.

하지만 직장에서 이런 동정심을 가진 동료를 만나기란 낙타가 바늘구멍에 들어가는 것만큼이나 어렵다. 승진욕, 명예욕에 눈이 멀어 이간질하고 자신의 앞길에 방해되는 동료는 다시는 못 올라오게 짓밟는다.

쇼펜하우어는 우리가 만나는 사람을 관찰하고 탐구하며 상대의 지능과 덕성을 가늠한다고 했다. 상대의 마음씨가 고약하고 분별력이 약하며 판단력이 불확실하면 언제나 멸시하고 혐오한다는 것이다. 바로 이 지점에서 우리의 괴로움이 출발한다. 여기서 벗어나려면 혐오하는 상대의 고뇌와 불행, 괴로움, 근심을 생각하라고 했다.

상대의 사악함에 분노를 느낀다면 관점을 돌려 그의 삶이 얼마나 참혹하고 고된지 생각해 보도록 권한다. 반대로 그들의 참상과 고뇌를 목격하고 두려움을 느낀다면 그의 사악함을 떠올리라고 했다. 그렇게 되면 분노와 동정이 균형을 이루게 되고 거기서 정의情誼(따뜻한 마음과 참된 의사를 통틀어 이르는 말)가 이루어져 세상이 스스로 판결 내리고 있음을 깨닫게 된다고 한다.

누군가 여러 사람 앞에서 당신을 공개적으로 무시하거나 승진하지 못하게 계략을 짠다던가, 갑질을 일삼거나 왕따로 괴롭히며 당신 의지에 무단으로 침입해 스스로 '못난 사람'이라고 부정하게 만든다면 남모를 복수심이 생긴다. 당신의 의지가 타인에 의해 침범당했기 때문이다. 그러나 상대가 우월한 존재일 때는 '내가 이걸 감수할 수 있을까?'라는 생각으로 복수심은 고통으로 변한다. 이 고통은 똑같은 방법으로 복수하여 '나는 당신보다 우월하다.'라고 보여줄 때 비로소 중화된다. 그러나 이것은 결코 쉽지 않다.

이런 보복의 욕구는 복수와 다르다. 타인에게 받은 침해에 보복해야겠다는 목표는 복수라기보다는 형벌에 가깝다. 왜냐하면 그에게 어떠한 악영향을 끼치려는 의도가 분명하기 때문이다. 어떤 경우에는 자신에게 이익이 되지 않아도 목적으로서 행하고 가해자에게 고민을 일으켜 놓은 뒤 보고 즐기려는 의도가 숨어 있기도 하다.

하지만 직장에서는 피해를 보고도 복수하기란 현실적이지 않다. 마음을 쓰면 쓸수록 자기 마음만 점점 블랙홀에 빠져갈 뿐이다. 얼굴에 점 하나 찍고 다른 사람이 되어서 복수하는 드라마를 보며 우리가 얼마나 카타르시스를 느끼고 통쾌해했는가. 현실적으로 불가능한 설정이 우리 내면에 존재하는 답답함을 풀어주는 희열을 느끼게 한다.

쇼펜하우어는 복수를 복수로 침범하기보다 동정으로서 복수하라고 한다. 우리에게 손해를 입힌 사람에 대한 분노가 아무리 정당하더라도 상대가 불행한 인간임을 떠올리면 곧 마음이 진정된다. 복수를 기대했던 즐거움도 상대에 대한 동정으로 바뀐다. 복수를 하고 나서 나중에 양심의 가책에 시달리는 경우도 때때로 일어난다. 시간이 지나면 왜 복수했는지 원인보다 자신의 악의에 대한 증명만이 선명하게 남기 때문이다.

불에는 물, 분노에는 동정을 베풀라고 했다. 당신에게 막말한 동료에게 보복하고 싶다면 먼저 앙갚음을 거두고, 그 동료가 고뇌에 시달리고 불행과 가난에 허덕이는 모습을 그려보자. 그리고 '이것이 내가 하려던 보복인가?'라고 반문해 보자. 그러면 보복의 결과가 너무 참혹함을 깨닫고 실제로 보복을 거두게 될 것이다. 더불어 뒤늦은 후회까지 막을 수 있다. 세상에서 분노의 불길을 끄는 방법은 이것뿐이며 그것은 당신을 위한 것이다.

상대방이 좋아하는 모습으로 나를 바꾸지 말고,
있는 그대로의 나를 보여주기.
이런 내 모습을 멋지다고 말해.

제2장

관계 속의 나

Arthur Schopenhauer

"나대지 마라."

"열심히 하고 싶었을 뿐인데요."

"그건 네 생각이고, 남들이 아니라면 남들 말이 사실인 거야."

직장생활에서 당신의 생각, 당신의 의견, 당신의 느낌을

부정당한 적이 있는가. 그 이유가

당신에게 있다고 생각한다면 그것은 아주 큰 오산이다.

쇼펜하우어는 그 본질에 '질투'가 있다고 했다.

질투는 열등의식을 찍어내는 카메라이다

공명지조共命之鳥는 불교 경전에 나오는 말로 공명조(머리가 두 개인 설산에 사는 상상 속의 새)의 한쪽 머리가 계속 좋은 열매만 먹자 다른 머리가 이를 질투하여 독이 든 음식을 먹고 같이 죽었다는 데서 유래된 사자성어이다.

직장에서 자주 듣는 말 중 하나는 "남 잘되는 꼴을 못 본다."라는 말이다. 남이 잘되지 못하게 끌어내리는 사람이 그만큼 많다는 말로도 들린다. 인간의 자연스러운 감정 중 하나는 질투인데 오죽하면 "사촌이 땅을 사면 배가 아프다."라는 속담이 있겠는가.

질투가 무서운 감정이라는 것은 성경에도 나와 있다. 구약성서에 나오는 농부이자 형인 카인은 보리의 첫 수확을 신께 바치고 목자인 동생 아벨은 양의 첫 새끼를 바쳤다. 그런데 신이 아벨이 바친 제물만 받자 형 카인은 이를 질투하여 동생을 죽였다.

라 로슈푸코는 "인간은 가장 가까운 친구의 불행에 대해서도 일종의 기쁨을 느낀다."라고 말했다. 당신의 불행은 다른 사람의 기쁨, 특히 당신이 잘되지 않기를 간절히 바라는 사람의 큰 기쁨이다. 이는 직장동료뿐만 아니라 친구 간, 이웃 간은 물론이고 모두에게 해당된다.

쇼펜하우어는 인생이 고통과 권태로 이루어져 있고, 이 두 가지는 인간을 매우 괴롭히는 요소라고 했다. 권태로 사로잡힌 사람은 타인의 행위에 끊임없이 주목하며 질투심을 느낀다는 것이다. 그로 인해 세상에 참된 존경과 우정을 바칠 만한 사람이 드물다고 했다. 상대방의 재능을 알아차리게 되면 오히려 원한을 느끼고 트집을 잡으려 하기 때문이다.

혹자는 친구의 우정을 시험해 보고 싶다면 내가 겪은 불행을 알려보라고 했다. 상대가 진실하고 순수한 비탄의 빛이 나타나는가, 아니면 평소와 다름없는 냉정한 태도를 취하는가, 혹은 또 다른 표정을 짓는가에 따라 우정의 정도를 알 수 있다는 것이다. 겉으로 내색하지 않아도 마음은 대부분 교활하고 만족스러운 미소를 금치 못할 것이라고 했다. 자신이 겪은 큰 불행이나 약점을 솔직히 말할 때처럼 친구를 즐겁게 하는 일은 없다는 말이다.

쇼펜하우어는 순수하고 뛰어난 사람이 나타났을 때 가장 먼저 앞길을 가로막는 것은 열등한 사람이라고 했다. 그들은 상대가 조금이라도 잘될 기미가 보이면 싹이 트기도 전에 밟아버린다. 열심히 근무하여 공적이 쌓여가는 당신이 얼간이들의 눈에 띄게 되면 그들의 의기투합이 시작된다. 얼간이들 안에서 나이나 경력이 많은 사람을 중심으로 당신에게 은밀한 공격을 퍼붓는 것이다. 그들은 직장 내에서 경력과 계급이 높기 때문에 영향력 행사가 용이하다.

그들의 공격은 다양하다. 먼저 직접적이지만 우회적인 공격으로 속임수를 쓸 것이다. 절차적인 문제가 있는 듯 분위기를 몰아가 별 시답지 않은 문제를 크게 부풀린다. 아니면 일을 열심히 할 필요가 없다고 거짓말을 지어낼 수도 있다. 공적이 돌아가지 못하도록 상사에게 잘못된 정보로 이간질하기도 한다. 이런저런 것들이 통하지 않으면 뛰어난 당신이 자신감을 잃고 열의를 잃도록 장치를 만들어 둔다.

질투의 공격은 적극적일 수도 있지만 소극적인 방법도 있다. 세네카가 말한 '질투의 침묵'이다. '질투의 침묵'과 비슷한 예를 괴테는 그의 저서 《서동시집》에서 "뛰어난 사람으로 보이고 싶은데 빛을 보지 못한 사람은 절대 남을 인정하지 않는다. 상대가 다수이든 한 사람이든."이라고 말했다.

어떤 분야에서든 뛰어난 재능의 낌새가 느껴지면 곧바로 얼간이들이 개떼처럼 달려든다. 그들이 애쓰고 노력하는 것은 오로지 두각을 나타내는 사람의 재능을 완전히 덮어버리고 그것이 세상에 알려질 기회를 빼앗는 것이다. 온갖 수단과 방법을 가리지 않고 그것을 막으며 자신들의 무능함, 천박함, 형편없음을 감추며 배신이 일어났다는 방향을 몰고 간다.

질투는 뛰어난 개인에 대하여 열등하고 평범한 사람들이 암암리에 곳곳에서 번성하는 동맹의 혼이다. 열등한 사람들은 동맹을 명백히 드러내지도 못한다. 그럼에도 그들끼리 통하는 것이 있어 뛰어난 사람이 나타났을 때 굳이 드러내지 않고도 마음이 척척 맞아 함께 행동한다.

그들은 은밀한 방법으로 모든 일을 진행한다. 겉으로 티를 내지 않고 음침하게 움직인다. 적극적인 끌어내림은 부메랑처럼 자신들에게 돌아올 위험이 있기 때문이다. 오랫동안 행해지는 그들의 조직적 억압은 대부분 효과를 거둔다. 바르게 보려는 사람보다 다른 사람들이 만들어 낸 정보로 판단하는 사람이 많기 때문이다. 즉 얼간이들이 상대의 뛰어남을 억누르기 위해 연대하여 만들어 낸 다른 이미지만 보고 결론 내는 것이다.

프랑스의 조각가 까미유 끌로델은 본인의 의사와 상관없이 30여 년간 정신병원에 입원해 있다가 비참하게 생을 마감한 천재적인 조각가였다. 그녀는 당대 최고의 조각가 로댕의 눈에 띄어 그의 작업에 참여했다. 하지만 그녀의 실력이 일취월장하자 로댕은 그녀를 점차 작업에서 배제하기 시작했다. 더 나아가 그녀의 '중년'이라는 작품이 청동으로 제작되지 못하도록 훼방을 놓았다. 평생 로댕만 사랑한 까미유 끌로델은 처음에는 아무 영문도 모르다가, 로댕이 자신의 실력을 시기 질투하여 조각가로서의 활동을 훼방했다는 것을 알게 된다. 또한 로댕뿐 아니라 여성 조각가가 남성 조각가보다 더 잘한다는 것을 인정하기 싫은 사람이 모여 그녀의 작품을 혹독하게 평가절하했다. 사랑하는 사람의 질투와 배신은 까미유 끌로델의 자기 상실을 불러왔고, 그녀는 끝내 어머니에 의해 정신병원에 강제로 갇히게 된다. 그리고 가끔 오는 동생만 만날 수 있었다.

이렇듯 사람들의 질투와 시기가 한 사람에게 집중되면 그의 인생과 재능은 한낱 아무것도 아닌 것이 된다.

스페인의 대표적인 철학자 발타자르 그라시안은 "남에게 호감을 사는 유일한 방법은 가장 어리석은 짐승의 가죽을 쓰는 일이다."라며 가벼운 실수를 해서 사람들에게 허점을 보이라고 했다. 인간은 자신보다 못한 사람을 좋아하기 때문이다. 적당한 부주의로 상대의 시선을 분산시키면 당신의 위대한 재능을 꽃피울 수 있다. 실수가 없는 완벽함은 시기심에 사로잡힌 사람들의 표적이 된다. 어느 정도 가벼운 실수를 범하면 시기하는 자들의 눈을 가릴 수 있다. 오직 그것만이 자신의 명예를 오래 지키는 방법이다. 만약 당신의 능력이 뛰어나다면 자연스럽게 드러나도록 해야 한다. 잘난 척해서는 안 된다. 천박한 인상과 함께 불쾌한 감정을 심어주기 때문이다.

이와 유사한 처세로 《손자병법》에서는 '선공자 적부지기소수, 선수자 적부지기소공善攻者 敵不知其所守, 善守者 敵不知其所攻'이라고 했다. 공격을 잘하는 사람은 적이 어디를 지켜야 할지 모르게 하고 수비를 잘하는 사람은 적이 어디를 공격해야 할지 모르게 한다는 뜻이다. 즉 당신을 질투하는 자들의 공격을 받지 않으려면 공격받을 곳을 드러내지 말아야 한다는 것이다.

중세 페르시아의 실천도덕 시인 사디는 '굴리스탄(장미정원)'에

"무지한 자들이 지혜로운 사람에게 느끼는 반감은 지혜로운 사람이 무지한 사람에게 느끼는 혐오보다 훨씬 크다."라고 썼다. 무지한 사람들의 질투를 쉽게 보아서는 안 된다.

우리가 알고 있는 직장생활 최고의 미덕은 '겸손'이다. 실력이 뛰어나다고 떠벌리고 다니는 것은 직장을 지옥으로 만드는 지름길이다. 잘 되고 싶은 마음은 있으나 끌어내려짐을 당하지 않으려고 고안된 방어의 방법이 겸손이다. 겸손은 질투하는 자들의 눈을 멀게 하여 그들로부터 나를 지켜주는 방패이다.

인간은 자신은 칭찬받기를 원하면서 타인을 칭찬하는 걸 좋아하지 않는다. 이는 질투의 감정에서 비롯된 것이다. 혹여 칭찬하더라도 자신을 뛰어넘는 타인의 능력은 칭찬하지 않는다. 오히려 자신보다 못한 능력을 갖췄다고 생각할 때 칭찬한다. 그래야 자신의 가치가 침범 받지 않기 때문이다.

심한 열등감에 질투하는 사람이 있다. 이런 사람은 다른 사람의 단점이나 실수를 꼬집는 능력이 탁월하다. 팀 내 분위기를 엉망으로 만들며 갈등과 분열을 일으킨다. 이러한 태도는 쇼펜하우어의 말처럼 본인조차 다른 사람들에게 전혀 진실하지 않으면서 자신의 결점을 무조건 덮으려고 한다. 이들은 보통 칭찬으로 대화를 시작한다. 그러나 대화를 계속하다 보면 칭찬과는 전혀 다른 마음을 눈치챌 수 있다. 언제나 다른 사람을 의심의 눈초리로 기민하게 살피며 주변의 공기까지 바꾸어 놓는다. 안타깝게도 그런 기민함 속에 진실을 볼 수 있는 눈은 없다. 탈무드의 격언 "질투는 천 개의 눈을 가지고 있다. 그러나 한 가지도 올바로 보지 못한다."라는 말이 매우 어울리는 사람이다.

발타자르 그라시안은 질투하는 사람들을 대하는 방법으로 다음 세 가지를 말한다.

첫째는 드러내지 않는 '경멸'이다. 쇼펜하우어는 순수한 진짜 경멸은 가슴 한켠에 묻어두고 상대에게 털끝만큼도 눈치채게 해서는 안 된다고 했다. 경멸을 겉으로 드러내는 사람은 상대를 어떻게 평가하고 있는지 상대에게 알리는 것이므로, 이미 그것만으로도 그 사람을 안중에 두고 있다는 사실이 증명된다는 것이다. 따라서 진짜 경멸은 상대가 당신에게 무가치하다는 점을 인식시키며 상대를 너그럽게 봐주겠다는 마음과 결부되어야 한다고 전한다. 경멸이 드러나게 되는 순간 상대는 당신에게 증오의 감정을 갖게 되므로 큰 대가를 치를 수 있다는 점을 꼭 인지해야 한다.

둘째는 정중이다. 손자는 《손자병법》에서 백 번 싸워 백 번 이기는 것보다 싸우지 않고 이기는 것이 최고 중의 최고라 했다. 따라서 '경멸'보다 더 좋은 방법은 오히려 더욱 '정중하게 대하는 것'이다. 인간관계가 파국으로 치달아 그 관계가 틀어지면 결국 손해를 보는 것은 자신이다. 오히려 정중하게 대함으로써 불필요한 갈등을 멈추고 상대로 하여금 자신의 치졸함을 스스로 깨닫게 하는 것도 좋은 방법이다.

셋째는 재능이다. 경멸과 정중함보다 더 좋은 방법은 '재능'으로 이기는 것이다. 실력을 높여 아예 덤빌 엄두도 못 내게 해야 한다. 그라시안은 이 방법이 가장 통쾌한 복수이며, 재능으로 성공하게 되면 질투가 유난히 심한 사람은 부러움에 숨통이 조여 오는 고통을 느낄 것이라고 했다. 따라서 당신의 명성이 오래갈수록 상대는 끝없는 고통에 신음할 것이다.

쇼펜하우어는 인간은 자기보다 뛰어난 사람 곁에 있는 것보다 자기보다 못한 사람 곁에 있는 편이 훨씬 기분이 좋다고 했다. 심리학에서는 자신보다 우월하거나 나은 처지인 사람과 비교하는 행위를 상향 비교, 자신보다 열등한 처지인 사람과 비교하는 행위를 하향 비교라고 정의한다.[2] 관련 실험에서 상향 비교보다는 하향 비교에서 자기 능력을 긍정적으로 바라보게 되는 만족도가 나타났다.[3]

결국 질투에 사로잡혀 사는 동료는 자존감이 낮은 사람이다.

---

2 Festinger(1954)의 사회비교이론

3 Collins, 1996; Locwood & Kunda, 1997; Reis, Gerrard, & Gibbons, 1993; Testa & Major, 1990; Wheeler & Miyake, 1992

타인의 평가와 인정의 저울은 매정하다

직장인은 세평에서 자유로울 수 없다. 세평이란 대상자에 대한 평판으로 인사이동과 승진에 결정적 요인이 된다. 동료들과 어울림에 걸림돌이 될 수도 있기에 세평은 직장인에게 매우 중요한 부분이다.

심지어 동료평가가 있어 세평을 점수화하기도 한다. 하지만 세평이 인사에 반영될 만큼 객관적인지는 항상 의문이다. 세평하는 동료들이 남을 평가할 만큼 완벽한 사람인가? 남을 평가하는 기준은 무엇인가? 평가자에게 심각한 질투심이 있는 사람이라면 그런 사람은 평가자에서 어떤 방법으로 제외할 것인가?

인사 발령 시기가 되어 새로운 동료를 뽑으려면 대상자가 있던 부서에 그 사람의 세평에 관해 물어본다. 하지만 대상자와 친한 사람인가, 대상자와 척지고 사는 사람인가, 그도 아니면 대상자를 미치도록 질투하는 사람인가. 이런 여러 기준에 따라 세평이 달라진다. 따라서 직장인이라면 세평에 신경 쓰지 않을 수 없는 것이다.

당신이 어려운 업무를 해냈을 때 사람들은 당신에게 갈채를 보낸다. 응원과 지지를 받으면 당신은 기대에 부응하기 위해 더 어려운 업무도 잘해내고자 노력한다. 하지만 이 '노력'은 동료들의 비난에 대한 두려움이라고 할 수도 있다.

우리는 나를 향한 타인의 인식이 중요하지 않은 것을 알고 있음에도 누군가 당신의 욕구를 알아주고 호감을 표시해 주면 기분 좋다. 타인에 의해 끊임없이 상처받고 포기하면서도 그런 타인의 호의에 위로받는다. 하지만 언제 그랬냐는 듯 위로를 준 상대가 상처를 주기도 한다. 인간관계는 이러한 상처와 위로의 반복이 아닌가 싶다.

매슬로우는 사람에게 있는 '생리 욕구, 안전의 욕구, 애정 소속의 욕구, 존중욕구(인정욕구). 자아실현의 욕구'의 다섯 가지 욕구 중에서 인정욕구와 자아실현의 욕구를 중요하게 생각했다. 그중 인정욕구는 인간관계에서 작용하는데 여기에는 타인에 대한 기대가 반영된다. 하지만 인간은 모두 다르기에 다양한 인간이 당신을 모두 좋게 생각할 리도 없고 모두 안 좋게 생각할 리도 없다. 반대로 말하면 당신을 좋게 생각하는 사람도 있고 안 좋게 생각하는 사람도 있다는 것이다. 사람마다 생각과 판단, 인지 여부가 다르기 때문이다.

인간은 누구나 자기 자신에게 가장 관심이 크다. 그리고 자신의 판단은 현명하고 옳다고 생각한다. 어리석은 사람도(이 기준 역시 당신이 기준일 뿐이지만) 자신이 매우 옳다고 믿는다. 극단적인 예로 연쇄살인범들조차도 자신의 행위를 합리화하는 것을 기사를 통해 보고 있지 않은가.

설령 당신이 타인에게 기대만큼 인정받지 못하더라도 상처받고 노심초사할 필요 없다. 타인의 눈짓, 손짓 등 언동에 일희일비

一喜一悲한다면 당신만 정신적 손해를 입는다. 더불어 그런 타인을 부정적으로 판단하고 비난할 필요도 없다. 그런 생각들은 오히려 당신 삶을 지옥으로 만든다. 타인의 판단에 상관없이 당신은 오롯이 성장해 가면 된다. 19세기 오스트리아의 어느 무명 철학자는 "그러는 동안에도 위대한 자들은 성숙해 간다."라고 노래했다.

쇼펜하우어는 타인의 시선에 대한 인간의 어리석음을 이야기하면서 한 사형수를 예로 들었다.

처형이 확정된 날 아침, 성스러운 교도소 전속 사제보司祭補는 정해진 시간에 그의 옆으로 다가갔다. 윅스는 사제보의 훈계에 전혀 관심을 보이지 않았다. 그는 단 하나, 자신의 수치스러운 최후를 지켜보는 대중에게 담대함을 과시하고 싶었을 뿐이다. 그는 교도소에 세워진 교수대로 걸어가는 도중에 뜰 가운데를 지나면서 "도드 박사가 말한 굉장한 비밀을 나는 곧 알게 되었다."라고 말했다. 그리고는 팔이 묶인 채 유유히 교수대의 사다리를 밟고 올라갔다. 그는 교수대 위에서 구경꾼들에게 경례했다. 그곳에 모인 군중들은 그에게 우레같은 박수를 보냈다.

다른 사람의 평가나 시선이 우리의 명예나 인정욕구에 크게 작용하고 있음은 SNS에서도 볼 수 있다. 비싼 음식을 먹고, 좋은 옷을 입고, 비싼 호텔이나 해외에 여행 다니는 사진을 게시하며 사람들의 관심을 끄는 행태는 타인의 시선을 얼마나 중요하게 생각하는지 보여준다. 이는 허영이고 허세일 뿐이다.

쇼펜하우어는 다른 사람들의 견해를 너무 높이 평가하는 '망상'은 행위에 영향을 주고 행복에 나쁜 영향을 미친다고 했다. 소소하게는 "다른 사람들이 그것을 뭐라고 말할 것인가?"라는 걱정에서부터 크게는 죽은 뒤의 명예를 위해 재물과 건강을 희생하거나 나아가 생명까지 내던진다는 것이다.

당신에게 진심으로 타인의 환호와 명예가 중요한가. 그것을 소중히 여기고 휘둘리면 당신의 행복은 타인에 의해 좌지우지될 수밖에 없다. 당신이 노력하여 얻은 성과에 타인들이 환호해 주지 않으면 스스로 부정적인 생각의 늪에 빠지게 되는 것이다. 그러므로 다른 사람의 반응에 영향을 받아 경거망동하지 마라. 설령 그것이 긍정적인 영향이더라도 말이다. 타인은 진실에는 관심이 없다. 당신에 대한 소문이 진실이든 거짓이든 가십거리가 필요할 뿐이고 재미가 필요할 뿐이다.

연예인들에 대한 자극적인 기사들이 이를 방증한다. 대중들은 진실은 모른다. 아니 별로 알고 싶지 않다. 다만 재미있게 이야기할 소재가 필요할 뿐이다. 게다가 대중은 선동당하기 쉽고 분위기에 휩싸이기 때문에 가십은 삽시간에 퍼지고 또 사그라든다.

직장생활에서도 타인들은 그런 존재들이다. 어차피 일일이 해명 없이, 반응하지 않으면 금세 당신에 대한 소문은 사그라지고 또 다른 소문이 빈 곳을 채울 것이다.

오직 지각이 있는 타인들만이 다른 사람에 관한 소문들에 휩쓸리지 않는다. 그렇게 되려면 스스로 당당하게 자신을 신뢰해야 하고, 당신의 판단력을 믿고 존중해야 한다. 당신을 가장 잘 아는 사람은 당신밖에 없기 때문이다.

마르쿠스 아우렐리우스는 《명상록》에서 다음과 같이 말하고 있다.

“당신에게 맡겨진 일을 바르고 참된 이성에 따라 선의를 가지고서 진실하고 과감하며 용기 있게 행하라. 다른 불순한 것들은 돌아보지 않는 가운데 오직 당신의 신성을 순수한 상태로 지켜 지금 당장 돌려달라는 요구를 받아도 주저 없이 당당하게 돌려줄 수 있으며, 그런 삶을 고수하면서 아무것도 바라지 않고 아무것도 겁내지 않으며, 오직 본성에 따라 그때그때 행하는 것과 당신의 입에서 나오는 모든 말과 의도가 늘 한 치의 거짓도 없이 참되다는 것에 맞는다면 당신의 삶은 행복할 것이고 아무도 당신의 그런 삶을 가로막을 수 없다.”

이 말은 당신이 참된 이성으로 진실하게 살면 타인의 평가에서 자유로울 수 있다는 의미이다. 그때 비로소 당신의 삶은 행복에 이르게 된다.

아는 만큼 보이는 건 당연하다

"하루를 시작하기 전 스스로에게 말하라. 오늘도 나는 주제넘게 이 일 저 일 간섭하고 돌아다니는 사람, 배은망덕한 사람, 제멋대로 교만하게 행하는 사람, 술수를 써서 남을 속이는 사람, 시기심이 많은 사람, 사교성이 없고 무뚝뚝한 사람들을 만나게 될 것이다."

로마제국의 16대 황제인 마르쿠스 아우렐리우스가 쓴 《명상록》의 일부이다. 《명상록》은 타인에게 보여주기 위한 글이 아니라 황제가 스스로 다짐하기 위해 쓴 글이다. 약 2000년 전, 무엇이든 다 가능하고 어려움이 전혀 없을 것 같은 로마 황제도 인간관계에 어려움이 있었다는 것을 알 수 있다. 하물며 21세기 평범한 우리에게는 얼마나 많은 인간관계의 어려움에 닥치겠는가.

마르쿠스 아우렐리우스는 "그러니 당신은 너무나 연약한 육신을 이끌고서 보잘것없는 사람들과 어울려서 온갖 고생과 수고를 다하며 삶을 살아가고 있는 것이 아니겠는가. 그런 인생이 무엇이 그리 대단하다고 그토록 오래 살려고 아등바등한단 말인가."라고도 말했다. 그렇다면 21세기 다양한 인간 속에서 살아가는 우리에게는 얼마나 많은 것을 이해하고 인정하는 아량이 필요할까.

백 명의 인간과 대화해 보면 백 명의 생각이 서로 다르다. 신기한 것은 아주 사소한 눈짓이나 손짓만으로도 다름을 금방 알아챌 수 있다. 인간관계에서 중요한 것은 당신이 상처받지 않는 것, 설령 상처받더라도 회복할 방법을 알고 익히는 것이다.

괴테는 파우스트에서 "이런 사람도 세상에 있어야 한다고 생각해야 할 것이다."라고 말했다. 인간은 태어나면서부터 다른 부모, 다른 사회, 다른 국가, 다른 문화에서 살기에 서로 다를 수밖에 없다.

쇼펜하우어는 "아무도 자기를 뛰어넘어 세계를 인정하지 못하고 자신의 안목과 수준의 범위 내에서만 세계를 해석하고 이해한다. 당신이 사귀고 있는 사람이나 동료가 불쾌하게 굴거나 귀찮게 군다면 이와 비슷한 일을 다시 몇 번이고 기꺼이 받아들이지 않으면 안 될 만큼 상대가 당신에게 쓸모 있는 존재인지 아닌지 스스로 물어봐야 한다."라고 말했다. 만일 쓸모 있다면 여러 말을 할 필요 없이 경고해주거나 아니면 따끔하게 한번 짚어주면 된다. 그와 반대로 쓸모가 없다면 절교해야 한다. 그렇지 않으면 기회가 있을 때마다 같은 일이 번번이 되풀이된다. 설사 다시는 그러지 않겠다고 맹세해도 사람의 본성은 변하지 않기에 같은 일은 여전히 반복될 것이다.

쇼펜하우어의 말은 태조 이성계의 조선 건국을 도운 무학대사無學大師의 '불안불시佛眼佛示 돈목돈시豚目豚示'와 일맥상통한다.

태조 이성계가 도읍을 한양으로 옮기고 시국이 안정되자 잔치를 베풀었다. 잔치가 한창 무르익을 무렵 태조는 무학대사에게 허물없이 지내자며 돼지를 닮았다는 농담을 던졌다.

태조 오늘 대사의 얼굴을 보니 꼭 돼지같이 생겼소이다.

무학 소승이 뵈옵기에 대왕께서는 꼭 부처님을 닮으셨습니다.

태조는 함께 농담하며 분위기를 풀어보고자 했기에 무학의 대답이 불만족스러웠다.

태조 나는 대사를 돼지에 비유했는데 대사는 왜 나를 부처님이라 하오?

무학 무릇 세상 만물이 부처님의 눈으로 보면 모두 다 부처님같이 보이고 돼지의 눈으로 보면 모두 돼지같이 보이는 법이지요.

쇼펜하우어는 인간은 자기중심적이라고 했다. 인간에게 흥미 있는 것은 오직 하나, 그들 자신뿐이고 그밖에는 아무 흥미도 느끼지 못한다는 것이다. 어떤 일에서든 먼저 자신부터 생각하는데 자신과 관계있다면 그것이 무엇이든 관심을 가지지만, 자신의 흥미나 허영심 만족하지 못하는 이야기는 아무리 근거가 있더라도 가치가 없이 대한다. 따라서 어떤 문제든 자기 수준으로 세상을 해석하게 되는 것이다. 그러므로 당신을 화나게 하는 상대의 언행은 그 사람의 수준이며 그 사람이 세계를 해석한 결론이라고 인정하면 된다.

사람들이 당신을 욕하거나 좋지 않은 말을 한다면 그들이 어떤 부류의 사람인지 살펴보자. 그러면 당신이 전혀 괴로워할 필요가 없다는 사실을 깨닫게 된다. 그들의 공격을 쉽게 피할 수 있고 미워하거나 적개심도 들지 않는다. 그러면 타인의 언행에 너그러워질 수 있다. 오히려 당신은 그들에게 연민을 느끼게 될 것이다. 그러한 성향으로 인하여 그들의 삶이 점점 망가져 가고 있는 것을 눈치챌 수 있기 때문이다. 어쩌면 그들이 바른길로 가도록 돕고 싶을지 모른다.

"예의는 존경받을 만한 존재가 아님에도 존경을 표시하고 진심으로 관심이 없음에도 관심 있는 척하는 것을 요구하는 것이다." 라고 쇼펜하우어는 말한다. 예의는 치아를 들어내고 웃는 가면 같은 것으로, 언제든 벗겨질 수 있기에 가면이 벗겨진 상대에게 크게 놀랄 것이 없다는 것이다. 오히려 가면이 벗겨진 사람이 알몸으로 세상에 던져진 것과 같이 부끄러워해야 한다고 했다.

결국, 우리는 자신의 길을 가는 데 집중해야 한다. 일상에서 겪는 번거로운 일이나 대인관계에서 일어나는 여러 마찰과 충돌, 무례, 욕설에 대해서는 불사신인 지그프리트(독일과 북유럽의 오랜 전설에 나오는 유명한 영웅)가 되어야 한다. 이런 일들을 전혀 대수롭지 않게 받아들여야 마음이 편해진다. 그것을 마음속에 담아두고 고민할 것이 아니라 차라리 상종하지 말자. 마치 길가에 널린 조약돌처럼 발길로 차버리고 신경 쓰지 않는 것이다.

스스로 빛나는 사람은 질투의 대상이다

쇼펜하우어는 인간들끼리 싸우는 것은 우스운 일이며 "오늘은 고약하다. 앞으로 점점 더 고약해질 것이다. 마지막 날이 올 때까지."라고 말했다. 생물 중 가장 어처구니없는 존재이자 가장 불완전한 존재가 인간이라는 것이다. 그러한 인간들로 가득한 이 세계는 지옥이며 다른 사람의 잘못을 하나하나 따지고 공격을 일삼으며 비난하기를 즐기는 사람은 악마라고 했다. 그의 말처럼 자신보다 못한 사람이나 비참한 사람의 생을 보며 자기 행복을 찾는 어리석은 인간들 사이에서 산다는 것은 투쟁의 연속이다.

불완전하고 어리석은 인간들끼리 싸우는 것이 인생이고 세계이다. 당신 주변에 당신을 괴롭게 하는 존재들을 보자. 형제들이 많은데도 불구하고 명절에 당신에게만 일을 시키고 당연하게 생각하는 (시)부모, 그러면서 다른 형제들에게는 차나 부동산 등을 사주는 차별, 당신에게만 잘못했다고 타박하는 친척들, 대놓고 갑질하면 문제가 될 수 있으니 애매하게 갑질해서 복잡하게 만드는 상사, 뒷담화를 좋아하는 동료, 승진하기 위해 물불 안 가리는 꼴불견 동료, 텃세, 패거리를 만들어 왕따시키는 무리 등 이루 말할 수 없다.

이렇게 수도 없이 다양한 인간들이 당신의 주변에 있다. 완벽하지 않은 그들이 당신을 괴롭게 한다. 다르게 생각하면 그들이 완벽하지 않기에 당신을 괴롭히는 것이다.

직장에서 가장 큰 괴로움의 원인은 인간관계다. 업무는 기본 능력만 있으면 어렵지 않게 적응할 수 있다. 하지만 아무리 경험해도 적응이 어려운 게 인간관계다. 당신의 예의 기준과 상대의 예의 기준이 다르기에 분란이 일어난다.

직장에서 흔히 벌어지는 사례를 보자. 당신을 무시하는 동료, 무례하게 행동하는 동료, 또는 질투하는 동료에게 대입해 보면 좋겠다.

어느 날 오전, B는 갑자기 A의 부서 사무실에 찾아가(쳐들어갔다는 표현이 더 정확하겠다) 과자 하나를 건네며 이야기를 시작했다. 회사에 새로 생긴 제도 때문에 자기는 힘들어 죽겠다는 것이다. 그런데 자신이 보기에 "새로 생긴 제도의 영향이 없는 A가 제일 천하태평하다. 이는 불공평한 일이며 능력도 없는 A가 운이 좋은 것 같다."라는 말을 남기고는 나가 버렸다.

B가 정상적으로 사고하는 사람이라면(그렇다면 이런 무례도 저지르지 않았겠지만) A에게 가서 그렇게 말한 것을 사과해야 한다. 만약 자신의 언행이 잘못되었다고 생각지 못하고 오히려 스트레스를 잘 풀었다고 생각하는 사람이라면, 그는 매번 스트레스를 받을 때마다 누군가에게 원인을 돌리고 누군가에게 스트레스를 푸는 과정을 여러 차례 거쳐 왔을 것이다. A에게만 이런 일을 저질렀을 리 없는 것이다.

여기서 B의 실수를 짚어보자.

첫째, B와 A는 서로 알게 된 지 일 년도 채 안 되었다. 그동안 두어 번 대화를 나눈 것 같지만 사실 그마저도 정확하지 않다. 그만큼 서로 잘 모르는 사이였다.

쇼펜하우어는 '판단력'이란 올바른 것, 아름다운 것, 적합한 것을 구별하는 동시에 그 반대도 구별하는 능력이라고 했다. 좋은 것을 나쁜 것과 구별하고 좋은 것을 찾아내서 평가하는 동시에 나쁜 걸 배척할 줄 아는 지혜라는 것이다. 그러기에 '판단력'은 하늘이 준 선물이어서 진귀한 부류에 들어가야 한다고도 했다. 거세된 자에게 생식력이 없듯 모든 사람이 가질 수 있는 능력이 아니라는 것이다.

판단력이 결여된 사람은 있는 그대로 보지 않고 자신이 만들어낸 대로 본다. 장난감 같은 나팔을 불면서 '소문의 여신'의 훌륭한 나팔이라고 착각하고 스스로 우열을 분간할 능력이 된다고 믿는다. 그리하여 불행하게도 B는 신의 선물인 '판단력'을 잃었다. 상대방을 판단할 때 자신이 보고 싶은 대로만 보고 해석했다. 상황 판단력도 없어서 회사가 돌아가는 흐름도 보지 못했다. A는 이미

B보다 직장생활 경험이 몇 년 더 많기에 B보다는 조바심이 상대적으로 적었다. 그런 모습이 '천하태평'하게 보인 것이다.

중요한 것은 그 제도를 만든 사람이 A가 아니다. 그렇기에 B는 제도에 불만이 있었다면 A가 아닌 담당자에게 확인해야 했다. 그런 작업을 스킵 한 것은 분명 B의 실수이다.

둘째, B는 A에게 열등감과 질투를 느끼고 있다. 나이는 적고 경력이 더 많은 A를 아무것도 아닌 것으로 생각해야 자신의 마음이 편하다. B는 승진이든 평가에서 불안함을 느끼고 있어서 주위 사람들이 A를 무능력하게 봐주기를 바랐다. 그래야 자신의 마음이 편한 것이다.

16세기의 이탈리아 작가 로두비코 아리오스는《광란의 오를란》에서 "이 구석에서 저 구석까지 질투로 가득 찬 인간의 세상은 쾌청하기보다는 암울하다."라고 말했다. 쇼펜하우어는 인간에게는 타인의 공적을 대하는 두 가지 태도가 있다고 했다. 하나는 자신이 그 공적을 가지고 있는 것이며 다른 하나는 어떤 공적도 인정하지 않는 것이라고 했다. 보통 후자일 때 자신의 마음이 훨씬

“

보이지 않는 끈으로 묶인 ‘너’와 ‘나’의 관계는
때로 올가미가 되기도 하고 지원병이 되기도 한다.
그러기에 상대를 얼마만큼 수용하고
어디쯤에서 선을 그어야 할지 애매해진다.
상호 존중과 인정의 관계를 위해 쇼펜하우어가 전하는 꿀팁을 알아보자.

”

편하므로 대부분 이런 태도를 선택하고 질투하는 것이다.

평범한 사람들 사이에 뛰어난 사람이 있다면 그가 자신들의 곁에서 떠나주기를 바란다. 비교되고 싶지 않은 것이다. 따라서 처음부터 뛰어난 사람이 눈에 띄면 그가 인정받지 못하게 억압하고 가능하면 완전히 숨통을 끊어버리겠다는 많은 사람의 일치단결된 질투의 작용이 일어난다. 어떤 분야든 뛰어난 재능의 낌새가 느껴지면 곧바로 얼간이들이 개떼처럼 달려들어 그 재능을 완전히 덮어 세상에 두각을 나타내고 햇빛을 볼 기회를 빼앗고 막는다. 그 모습은 마치 그들의 무능함, 천박함, 형편없음에 배신이 일어나기라도 했다는 식이다.

셋째, 감정을 앞세워 행동했다. 감정이 앞서는 사람은 모든 것에 의미를 부여한다. 다른 사람으로부터 그 원인을 찾아 탓하고 자기와 전혀 상관없는 부분까지 간섭하려 든다. 본인이 타깃으로 삼은 사람에게 분풀이하기 전까지는 잠도 못 잔다. 그 타깃은 당연히 매번 변할 것이고 그러면 인생 전체가 피곤하다. 이런 사람 옆에 있는 동료들도 피곤한 것은 두말할 것도 없다.

손자는 '주불가이노이흥사主不可以怒而興師, 장불가이온이치전將不可以慍而致戰, 합어리이동合於利而動, 불합어리이지不合於利而止'라고 했다. 임금은 기분이 나쁘다고 군사를 일으켜서는 안 되고, 장수는 화가 난다는 이유로 싸우면 안 된다. 이익에 부합하면 움직이지만 부합하지 않으면 그만두어야 할 것이라는 뜻이다. 따라서 직장인이라면 감정에 따라 행동하기보다는 분노를 숨기는 것이 맞다. 소통에 있어 부정적인 감정뿐 아니라 긍정의 감정 등 모든 감정을 다 드러내는 것은 상대방에게 오해나 착각을 불러일으킬 수 있기 때문이다.

B는 이런 면에서 어리석었다. 이런 B에게 A는 감정적으로 대응하면 안 된다. 발타자르 그라시안은 말꼬리를 물고 늘어지는 사람에 맞서지 말라고 했다. 말꼬리를 물고 늘어지는 부류는 대부분 저속한 사람이므로 다른 악의적인 의도가 있는지 구별해야 한다는 것이다. 그렇지 않으면 대화의 어려움 겪고 그로 인해 위험의 늪에 빠질 수 있기 때문이다. 마음을 캐내려는 첩자를 대할 때는 신중함이 제일 중요하다.

B가 A를 찾아온 이유가 단순히 화풀이였는지 아니면 정보를 캐내려 한 것인지 누구도 모른다. 오직 B만이 안다. 그렇다면 굳이 그런 사람을 상대할 필요가 없다. 무슨 말을 하든 꼬투리를 잡아 일파만파 퍼트릴 것이 뻔하기 때문이다.

쇼펜하우어는 천재의 작품이 매우 뒤늦게 갈채와 명성을 얻게 되는 일은 이상할 게 없다고 했다. 느리지만 당연한 결과이고 역사적으로 수많은 천재가 늦게 빛을 발했다. 그렇게 되기까지의 과정은 복잡하고 지지부진하다. 멍청한 사람이 마지못해 자신보다 머리 좋은 사람의 우월성을 서서히 인정하게 됨으로써 차츰 천재임이 부각된다는 것이다.

현명하다면 자신의 길만 꿋꿋이 가면 된다. 그러면 아둔한 자들은 저절로 떨어져 나간다.

잘난 사람은 공공의 표적이 된다

'당동벌이黨同伐異'라는 사자성어가 있다. 후한서後漢書의 당고전에서 유래한 것으로 한자어는 무리 당黨, 한 가지 동同, 칠 벌伐, 다를 이異로 이루어져 있다. 한자어만 보면 같은 무리끼리는 당을 만들고 다른 무리는 친다(배척한다)는 뜻이다.

후한에서는 제4대 화제 이후로 황제가 모두 어린 나이에 즉위하여 황태후가 섭정하게 되었다. 이에 외척의 세력이 점점 커지는 것에 대항하기 위해 환관들이 세력을 만들었고 후한 말기에는 외척과 환관이 번갈아 권력을 장악했다. 이들은 국가 정치에는 관심이 없고 오로지 자신들의 이익만을 채우기에 여념이 없었다. 보다 못한 명망이 있는 인물들이 뜻을 모아 집단을 만들었고, 그로 인해 외척·환관·식자識者 간의 다툼이 되었다. 권력을 잡은 환관들은 외척을 궤멸시키고 식자들을 철저히 탄압했다. 결국 후한은 환관들로 인하여 운명을 마감한다.

이 일화에서 당동벌이의 사자성어가 유래했다. 옳고 그름을 떠나 자신의 집단이면 무조건 받아들이고 자신의 집단이 아니면 무조건 배척하고 짓밟으려 하는 사례에 이 사자성어를 쓴다.

오늘날 당동벌이는 어느 집단에나 있고 패거리 문화, 끼리끼리 문화, 카르텔 등 여러 단어로 불리고 있다.

A는 늘, 모두가, 누구나, 우리가 똑같이 소중한 존재라고 외쳤다. 마른 체구에 새까만 머리와 금테 안경, 단단해 보이는 표정에서 그녀의 확고한 신념이 느껴졌다. 그런 분위기는 사람들로 하여금 왠지 모를 기대와 믿음을 끌어냈다. 단발머리를 찰랑이며 정의를 외치는 그녀만 따르면 어디서든 차별당하지 않을 수 있을 것 같았다. 그녀를 따르는 사람들은 다 나와 같은 생각이었다. 심

지어 사석에서조차 그녀는 정의를 부르짖었다. 그녀를 따르는 추종자는 점점 늘어갔다.

어느 날 A와 똑같이 정의를 부르짖는 B가 나타났다. B의 목소리는 크고 힘이 있었으며 A와 다른 인간적인 끌림이 느껴졌다. 이미 B를 따르는 추종자들도 꽤 있었다. A와 B는 같은 목표를 바라보고 있기에 둘의 만남은 당연히 굉장한 시너지를 낼 거라고 사람들은 기대했다. 그 둘이 꼭 만나서 모두를 위한 정의를 함께 외치길 바랐다. 그러면 아무도 소외되지 않는 사회가 더 빨리 실현될 것 같았기 때문이다. 하지만 A는 B를 만나지 않았다.

“그 B, 어디서 온 년이지? 정의 정통파 아니지 않나?”

사람들은 A의 말을 이해하지 못했다. 모두를 위한 정의를 말하는데 정통파라니? A는 자신과 함께 뜻을 행했던 우리의 틈에 B가 들어올 자리는 절대 없다는 사실을 공고히 했다. 정통파가 아니라는 이유였다. 몇몇 사람들은 A의 그러한 행보에 내심 놀랐다. 하지만 B가 정통파가 아니라는 A의 주장을 반박할 논거를 가지고 있는 사람은 아무도 없었다. 그렇다고 B가 정통파가 맞다는 논거를 가지고 있는 사람도 없었다. 그저 그동안 A를 따랐던 사람들은 굳이 A에게 등을 돌려 A가 싫어하는 B를 환영할 이유도 역시 없었다.

이 이야기는 상황을 설명하고자 창작한 픽션이다. 하지만 완전한 허구라고 할 수 없다. 우리 사회 어디서건 보고 들은 장면이다.

조선시대에 '신래침학新來侵虐'이라는 관행이 있었다. 관아에 새로 출사하는 신임 관원이 기존에 있던 관원들을 초대하여 음식을 대접하는 신입 신고식이다. 함께 술을 마시며 선배들이 시키는 대로 치욕적인 행위들도 군말 없이 해야 했다. 심지어 폭력행위도 서슴지 않았는데 이 과정에서 죽는 사람까지 발생했다. 율곡 이이는 이런 신래침학을 거부하고 직을 그만두었다.

이 전통은 기존의 집단들이 가진 권력, 승진, 금전에 연관된 무엇이든 신입의 등장으로 위태로워질 걸 염려하여 횡포를 부리는 것이었다. 진짜 정의는 존재하지 않고 자신들의 계산에 의한 이기적인 셈법만이 존재한 것이다.

쇼펜하우어는 이러한 패거리 문화에 가담하는 사람들은 고독을 참거나 고독 속에서 자기를 가눌 능력이 없는 사람들이라고 했다. 내면에 가득한 공허와 권태가 그들을 사교로 몰아넣는 것이다. 그들의 정신에는 어떤 운동을 일으킬 만한 힘이 없기에 완전한 의식이 되려면 타인에 의해 여러 가지를 보충해야 한다고 했다.

당동벌이 집단은 그런 내적인 공허가 큰 사람들끼리 만든 집단이다. 권태에 시달려 단체를 만들지 않고는 아무것도 하지 못하며, 심지어 그 집단에 들어가기를 갈망하고 고대하며 기다리는 자들도 꽤 많다.

그렇지만 이들은 집단을 좋아하지 않는다. 다만 혼자 있는 게 두려워서 집단에 들어가는 것뿐이다. 고독의 두려움 때문에 한 집단 안에서 발생하는 각종 분쟁이나 번거로움을 감수한다. 반면 정당한 주장과 견해를 가진 사람은 오직 자신의 자유를 수호하거나 자유를 확대하는데 중요성을 둔다. 타인과 교제할 때 요구되는 큰 희생을 거부하는 것이다. 이러한 희생은 자칫 자기 부정까지도 요구하기에 오히려 자신의 고독을 사랑한다.

그들은 고독을 고독이라 생각하지 않는다. 타인과의 관계에서는 번잡한 것 외에 다른 것을 얻을 수 없기 때문이다. 관계가 필요하지 않을 만큼 자신이 가진 것으로 행복을 얻는다. 그들은 인간의 고뇌 대부분이 인간관계에서 오는 것을 이미 알고 있다.

프랑스의 저술가 베르나르댕 드 상 피에르는 "음식을 절제하면 건강을 되찾을 수 있고 되도록 사람을 만나지 않으면 마음의 평정을 얻을 수 있다."라고 말했다. 쇼펜하우어는 개인에 따라 고독을 애착하게 되는 속도가 지적 가치의 척도에 따라 다르다고 했다. 이러한 경향은 자연적으로 나타나는 것이 아닌 이제까지 얻은 경험의 결과이다. 더불어 인간관계에서 얻은 고통으로 말미암은 것이다.

쇼펜하우어는 이를 설명하기 위해 모닥불을 이야기했다. 지혜로운 사람은 적당한 거리에서 불을 쬐어 손에 화상을 입는 일이 없지만, 어리석은 사람은 손을 불에 데고 나서 고독이라는 찬 방에 들어가 불이 자기에게 화상을 입힌 것을 원망한다고 말이다.

고독을 온전히 즐기기 위해서는 자기 생각을 상대에게 전달하거나 강요해서는 안 된다. 남들의 말을 곧이곧대로 받아들이지 말고 도덕적으로나 지적으로 상대에게 많은 것을 기대해서도 안 된다. 마음속으로 무관심해져야 한다. 이것이 고독을 즐기는 당신이 타인에게 너그러움을 보여줄 수 있는 확실한 방법이다.

물고기는 하늘을 날고 새들은 바다를 헤엄친다.
물고기나 새들은 저마다 알록달록한 색을 뽐내지만 사실은 다 똑같은 종족이다.
심지어 모든 것을 내려다보는 달마저 새와 물고기와 똑같이 생겼다.
카르텔을 풍자하기 위해 그린 그림이다.
새나 물고기란 종의 구별을 없애기 위해 이같이 표현했다.

제3장

관계에서 벗어난 나

Arthur Schopenhauer

혼자인가?

축하한다.

이제야 비로소 당신의 내면을 들여다보고
자유로운 시간을 누리며, 오로지 자신을 의지하고
자신에게서 행복을 찾는 방법을 터득할 수 있는
시기가 된 것이다. 이제 위대한 자가 될 준비를 해라.

세상에 믿을 사람 없다

"직장생활을 열심히 했는데 아무도 알아주지 않는다."

"수십 년을 회사에 헌신하여 성실히 일했는데, 나이 들었다고 무시하며 중요한 업무에서 배제한다. 변방으로 내모는 느낌이다."

"그동안 회사에 몸 바쳐 일하느라 가정에 소홀했던 까닭에 가족들도 역시 불편해한다. 집에 있으면 가시방석이다."

"외롭지 않으려 결혼했는데 더 외롭다. 배우자는 매일 회사밖에 모르고 집에 와서 잠만 자는 수준이다. 출장은 또 왜 그리 잦은지 화가 난다. 함께 여행도 좀 가고 두런두런 대화하고 싶은데 그게 언제가 될지 모르겠다."

"아이들을 위해 청춘을 다 바쳤는데 아이들은 사춘기라고 방

안에서 나오지도 않는다. 이렇게 사는 것이 맞는지 모르겠다."

어느 날 문득 주변을 둘러보곤 배우자, 자녀, 친구들이 자신을 더 이상 필요로 하지 않는다고 생각하는 사람들이 의외로 많다. 그러면서 그저 열심히 살아왔을 뿐이라며 자신의 존재 의미가 무엇인지 자문한다. 여태 열심히 살아온 것에 고마움을 느낀다면 저들은 나에게 더 잘해야 되는 건 아닌지 원망이 솟구친다. 차라리 게으름을 피우고 요령이라도 피웠다면 덜 억울하겠다는 생각도 든다.

쇼펜하우어는 이런 외로움에 대해 인간은 혼자 있을 때 온전히 자기 자신일 수가 있다며 오히려 긍정적으로 보았다. 혼자 있을 때 자유롭고 고독을 사랑하지 않는 사람은 자유도 사랑하지 않는다는 것이다. 위대한 정신의 소유자는 자기 자신의 위대성을 알기에 육체적인 고독이 정신적인 고독에 합치되는 순간을 고마운 일로 받아들인다. 오직 자기만을 의지하고 자기 자신이 모든 것 가운데 모든 것일 수 있는 사람이다. 그로 인해 행복과 마음의 평화를 가장 많이 누릴 수 있다.

로마의 철학자 키케로는 《패러독스》 제2권에서 "오직 자기를 의지하고 자신을 완전히 소유한 사람이 행복하지 못하다는 것은 있을 수 없다."라고 했다. 외로움을 느끼는 것은 당신이 더 이상 주변인들에게 의지하지 않고 오직 자신을 들여다볼 기회를 가졌다는 뜻이다. 비로소 당신 본연의 인생을 알 수 있으며 완전한 행복을 누리게 되는 감사한 순간을 맞았다고 받아들여야 한다는 것이다.

쇼펜하우어는 인간이 행복하기 위해 필요한 것으로 자아(넓은 의미의 인격), 소유물, 표상(명성과 명예)이라는 세 가지 표제에 대해 말했다.

이 중 쇼펜하우어는 첫 번째 표제인 자아를 가장 중요하고 본질적인 것으로 보았다. 이는 인간이 정한 것이 아닌 자연이 인간을 구별한 것이기 때문이라고 한다.

인간은 자신의 개성에서 벗어날 수 없다. 즉 인간에게 고유한 행복의 한도는 그 사람의 개성으로 인해 미리 결정되어 있다는 것이다.

인간은 제아무리 뛰어난 집안에서 태어났거나, 재산이 아무리 많다고 하더라도 인격적으로 우월한 사람과는 근본적으로 다르다. 따라서 같은 상황에 처해 있어도 다른 감정을 느끼고 다른 해석을 한다. 외부의 상황은 객관적이지만 그것이 인간 행동에 영향을 미치는 것은 한계가 있기 때문이다.

아우슈비츠의 수감자들을 관찰한 빅터 프랭클의《죽음의 수용소에서》를 보면 같은 상황에서 사람마다 다른 행복의 가치 기준이 있음을 알 수 있다. 수용소는 언제 가스실에 끌려가 죽을지 모르는 상황이다. 먹을 것도 제대로 먹지 못하고 전염병에 걸렸으며 잠도 제대로 자지 못하는 극한의 환경이다. 조금이라도 나치의 맘에 들지 않으면 매질 또한 부지기수다. 하지만 그 안에서도 노을의 아름다움에 감사하는 사람, 시를 쓰는 사람, 막사 밖에서 들리는 나치들이 틀어놓은 음악을 감상하는 사람, 말도 안 되게 고된 노동 중에도 유머를 잃지 않는 사람 등 저마다 감사할 거리를 찾고 행복을 찾는 사람들이 있다. 그런 사람은 대부분 생존했다. 이런 행복이 쇼펜하우어가 말한 시련을 극복하여 얻는 소극적인 행복이다.

반면 수용소에서 언제 나갈 수 있는지 날짜만 세는 사람도 있었다. 그는 꿈에 전쟁이 끝나는 정확한 날짜가 나왔다고 빅터에게 확신에 차서 말했다. 하지만 그가 말한 날짜에 종전이 되지 않았고, 그는 시름시름 앓다가 며칠 만에 죽고 말았다. 이를 보더라도 같은 상황에서 인간 내면의 본질이 어떤 상태에 머무느냐에 따라 전혀 다른 세계에 살게 되는 것이다.

아랍에 "당신의 신발이 작다면 넓은 세계가 무슨 소용인가?"라는 속담이 있다. 우리나라의 "아는 만큼 보인다."라는 속담과 유사한 의미이다. 쇼펜하우어는 두뇌나 도량이 적은 사람에게는 세상이 자신의 도량만큼 보여 무미건조하고 평범하여 즐거울 것 하나 없다고 했다. 이런 사람들은 정신적인 자유를 얻지 못하기에 정신적인 쾌락을 얻는 법을 알지 못한다. 직장에서도 시키는 일만 겨우 하고, 성취감을 느끼지 못한 채 사는 것에 재미를 발견하지 못한다. 그들은 하루하루를 사는 게 굉장히 괴로울 뿐이어서 도피처로 술이나 담배, 도박에서 쾌락을 찾는다. 그리고 정신적 쾌락을 이룬 사람들이 아름다운 결과를 냈을 때, 그 과정에 의미를 부여해야 함에도 그러질 못하고 드러나는 결과만을 부러워한다.

정신이 풍요로운 사람은 고독할 때도 독자적인 사유와 상념으로 커다란 위안을 받는다. 선량하고 중용을 얻은 온유한 성격의 소유자는 가난하고 궁색한 생활에도 만족한다. 비범하고 정신적으로 뛰어난 개성을 한결같이 즐길 수 있는 사람은 보통 사람들이 추구하는 가장 좋은 향락도 평범한 것에 지나지 않고 나아가서는 해롭고 거추장스러운 것이기도 하다.

인간이 자기 자신을 위해 존재하는 것, 고독이 자기의 반려가 되는 것, 아무도 자기에게 줄 수 없고 또 자기에게서 빼앗을 수 없는 것들이야말로 진정하게 소유한 것이다. 오직 그것만이 외부의 그 어떤 것과도 비교할 수 없는 근원적이고 절대적인 가치를 지니게 된다.

따라서 당신의 힘으로 개성 있게 알맞은 지위, 직업과 생활방식을 택하면 된다. 당신의 개성에 맞지 않는 것은 피해야 한다. 지력이나 이해력이 뛰어난 사람이 지력이 필요 없는 노동을 한다면 매우 불행한 삶을 살게 될 것이다.

두 번째 표제는 소유물이다. 쇼펜하우어는 재산이 아예 필요 없는 것은 아니라고 했다. 자신에게 필요한 정도만 있으면 될 뿐 너무 많으면 그 재산을 지키기 위한 걱정으로 정신이 어지럽혀질 뿐이라는 것이다.

사람들은 정신을 수양하려고 노력하지 않으면서 부의 축적을 위해서는 애써 노력한다. 돈을 위해 개미처럼 일하고 정작 자기 자신은 돌보지 않는다. 그렇게 열심히 살아 운이 좋으면 생의 끝에 돈이 쌓이겠지만 대부분은 후손을 위한 것이 되고 만다.

부의 축적에만 정신이 집중되어 인간적 삶이 공허한 사람들은 의식이 둔해지고 정서적으로 빈약해진다. 자신과 비슷한 사람들

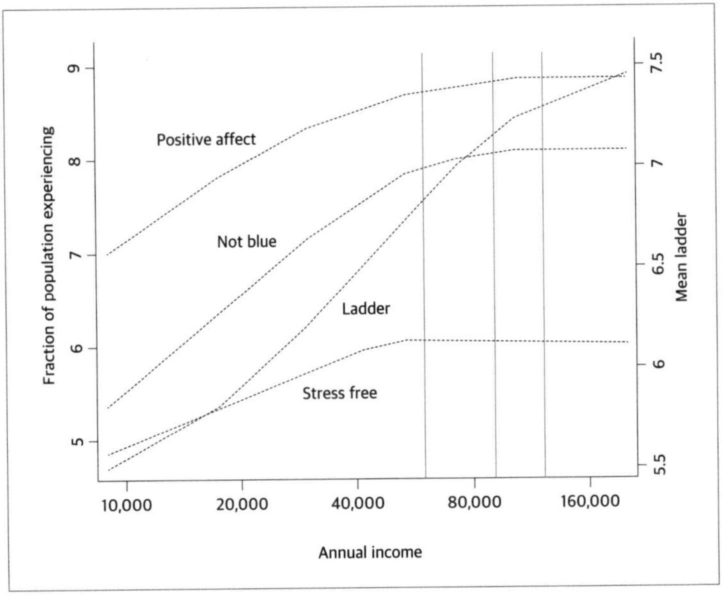

을 사교장에서 만나지만 결코 정신적인 쾌락이 충족되지 않는다.

앵거스 디턴Angus Stewart Deaton[4]은 행복과 재물의 상관관계를 연구해 그래프로 나타냈다.[5]

그래프를 보면 연 수입별 긍정적 영향Positive affect, 우울감 느끼지 않음Not blue, 스트레스 정도Stress free를 알 수 있다. 세 가지 측정값은 그래프의 눈금(헤도닉[6] 측정)으로 보면 되고 높아질수록 긍정적으로 해석할 수 있다. 세 항목 모두 연 수입 약 7,500달러(원화 약 994만 원)가량에서 증가추세가 완만해졌지만 유의미한 변화는 없다.

이는 쇼펜하우어가 말한 두 번째 표제인 소유물에 대한 이론과 일치한다. 우리에게 물질이 필요하기는 하나 행복의 필요조건은 아니라는 말이다. 필요한 만큼만 있으면 되는 것이다. 다만 필요한 만큼의 기준은 사람마다 다르다.

세 번째 표제는 명예名譽이다. 좋은 평판이나 명성名聲은 다른 사

4 영국·미국 국적의 경제학자. 소비자의 행동 분석과 경제발전 및 빈곤에 대한 연구 등으로 경제학에 발전한 공로로 2015년 노벨경제학상을 수상했다.

5 Daniel Kahneman and Angus deaton, 2010. Center for Health and Well-being, Princeton University, 「high income improves evaluation of life but not emotional well-being」

6 감각적 즐거움, 쾌락(작가 직역)

람의 견해에서 이루어지는 것이다. 페트로니우스는 "부자는 인기가 있다."라는 말을 했는데 이를 보면 두 번째 표제와 세 번째 표제는 상호작용한다는 것을 알 수 있다. 물론 이것이 완벽한 명제는 아니지만 "부자가 다른 사람에게 많이 베풀게 되므로 성격이 좋다."라는 맥락으로 보면 되겠다.

쇼펜하우어는 자기 자신에게 만족하고 자기 안에 모든 것을 소유하여 "나는 내 전 재산을 내 몸 가까이에 갖고 다닌다. 나의 지력은 최상의 소유물이다."[7]라며 아리스토텔레스의 "행복은 만족하는 자의 것이다."라는 말을 늘 명심하라고 했다. 사람들이 의지할 수 있는 것은 오직 자기 자신뿐이라는 것이다.

---

7 키케로, 《페러독스》 제1권 제1장 8절

꿈꾸는 현실은 꿈에서만 가능하다

〈구운몽九雲夢〉은 서포 김만중이 1687년 선천 유배 시절 어머니 윤 씨 부인의 한가함과 근심을 덜어주기 위해 지었다고 전해진다. 아홉 구九는 양소유와 팔선녀를 뜻하고, 구름 운雲은 인생은 구름과 같이 덧없음을 뜻하며, 꿈 몽夢은 이 글이 꿈을 매개로 전개됨을 뜻한다.

주인공 성진은 육관대사 제자 중 한 명으로 스승의 심부름을 간 곳에서 술을 얻어 마시고 오던 길에 팔선녀를 만난다. 하지만 절에 돌아온 뒤에도 팔선녀를 잊지 못하고 부처님 말씀에 집중하지 못하여 스승으로부터 쫓겨난다.

이렇게 쫓겨난 성진은 양소유로 환생하고, 그는 능력이 출중하여 장원급제도 하고 나라를 위해 싸워 이기기도 한다. 그리고 팔선녀를 모두 아내로 맞아 많은 자식을 낳고 살았다. 하지만 이 모든 게 덧없음을 깨닫고 속세를 떠나기로 결심한다.

그때 양소유를 아주 잘 안다는 중이 나타나 도술을 부려 양소유는 본래 성진의 모습으로 돌아온다. 성진은 깜짝 놀라 자기 머리를 만져보니 까칠까칠한 짧은 머리에 손에는 염주만 들려 있었다. 그리고 팔선녀와 자식들도 모두 사라졌다. 성진은 비로소 이 모든 것이 일장춘몽一場春夢이었다는 것을 깨닫는다.

육관대사는 성진에게 "성진과 양소유 중 누가 꿈이고 누가 꿈이 아니냐."라고 묻는다. 성진이 꿈인가 양소유가 꿈인가. 아니면 둘 다 꿈이 아닌가. 생각할수록 헷갈린다. 꿈으로 볼지 말지 그 기준도 없다.

원시인들은 꿈과 현실을 구별하지 못해 이웃에게 얻어맞은 꿈을 꾸면, 아침에 일어나자마자 그 이웃을 찾아가 똑같이 갚아주었다는 이야기가 있다. 오늘날에도 사람들은 꿈을 꾸면 어떤 의미가 있는지 해몽하려 한다. 꿈은 인간에게 미스터리한 현상이고 미지의 세계이다.

쇼펜하우어도 꿈을 꾼 일을 조사해 보는 것은 매우 어려운 일이며 거의 불가능한 일이라 했다. 그것이 가능했다면 성진과 양소유 중 어느 상황이 꿈인지 알 수 있었을 것이고, 원시인도 꿈에서 깨 이웃에게 갚아주는 일은 없었을 것이다.

우리가 체험한 모든 사상과 현재의 순간 사이에 인과를 찾는 것은 도저히 불가능한 일이다. 그렇다고 우리가 체험한 모든 사상을 꿈이라고 설명할 수도 없다. 꿈과 현실을 구별하기 위한 유일하고 확실한 표준은 경험밖에 없다. 실제로 이 표준에 의해 꿈에서 본 사상과 깨어있을 때의 사상 사이의 인과관계가 명확하고 뚜렷하게 갈라진다.

예를 들어 우리가 자신도 모르게 옷을 입은 채 자는 경우, 어떤 목적이나 계획이 우리의 모든 생각을 사로잡아 깨어있을 때처럼 꿈속에서도 줄곧 그것에 몰두해 있는 꿈을 꾼 뒤 현실로 착각하는 일이 있다는 것이다. 이때 깨어있는 것이나 자는 것의 구별은 명확하지 않고 꿈이 현실과 융합하여 현실과 혼합된다.

꿈이 현재와 인과관계가 관련이 없다는 것을 알아낼 수 없는 경우, 어떤 사건이 꿈인지 혹은 실제로 일어난 일인지 영원히 구별되지 않은 채 놓아둘 수밖에 없다. 이런 점에서 실생활과 꿈의 관련성이 실감 나게 다가온다. 예로부터 이 관련성은 많은 위대한 사람들에게 인정되고 언급되었기에 우리도 그것을 보증할 수 있다.

셰익스피어도 꿈과 현실에 대해 글로 썼다.

우리는 꿈의 재료와도 같은 것,
보잘것없는 우리네 인생은 잠에 싸여있다.

〈템페스트〉 4막 1장

쇼펜하우어는 꿈에 대해 현실과 같은 책에 들어있는 페이지라 했다. 현실 세계는 그 책에 대한 체계적인 독서이고 꿈은 잠시 쉴 때 두서없이 여기저기 읽어보는 부분이라는 말이다. 꿈 부분은 이미 읽은 페이지도 있고, 아직 읽지 않은 페이지도 있는데 어쨌든 같은 책으로 보면 된다. 이렇게 띄엄띄엄 읽은 독서의 부분은 통독과는 크게 연관은 없지만 그렇다고 그렇게 수준이 떨어지는 바도 아니라고 한다.

현실 세계를 줄곧 꿰뚫는 경험에 꿈은 참여하지 않는다. 깨어 있다는 것 자체가 이러한 구별을 나타낸다. 하지만 경험의 연관 그 자체는 상당히 꿈과 연관되어 있다. 그러기에 "어쩌면 인생이란 모두 하나의 꿈이 아닐까."라는 쇼펜하우어의 질문에 우리 삶의 답이 있는 것 같다.

무엇을 치장하며 살 것인가

"내가 왕이 될 상인가!"

영화 〈관상(2013)〉에서 수양대군은 관상가에게 자신이 왕이 될 상인지 묻는다.

사람을 만나면 그 사람의 인상이 가장 먼저 눈에 들어온다. 처음 본 사람의 겉모습에서 느껴지는 이미지를 첫인상이라고 한다. 이 첫인상으로 나랑 결이 맞는 사람인지 아니면 이상한 사람인지 나를 공격할 사람인지 파악한다. 이때 영향을 미치는 것이 바로 인상(人相)이다. 인상에는 얼굴뿐 아니라 옷차림, 걸음걸이, 목소리, 표정, 행동 등 겉으로 보이는 모든 것이 포함된다.

관상학은 인간을 아는 주요 수단이라고 쇼펜하우어는 말했다. 자신 앞에 나타난 누군가를 관상학적으로 살펴보며 상대의 도덕적 본질까지 판단한다는 것이다. 그만큼 얼굴은 입보다 더 많은 것을 보여 준다. 얼굴은 그 사람이 앞으로 무엇을 생각하고 어떤 태도로 나올 것인가를 요약한 편람 같은 것이기 때문이다. 그러기에 얼굴은 주의 깊게 관찰할 만한 값어치가 있다.

중국에서는 수천 년 전부터 관상학이 발달했다. 이목구비와 골격, 자세, 기색, 음성으로 그 사람의 성격, 수명, 건강 및 과거와 미래까지 예측했다. 요임금과 순임금은 인재 등용 시 인상학에 근거했다는 기록도 남아있다. 《대대예기大戴禮記》 〈소문편少聞篇〉에 다음과 같은 내용이 나온다.

"옛날 요임금은 용모로서 사람을 취했고, 순임금은 기색으로 사람을 취했으며, 우왕은 말로서 사람을 취했고, 탕왕은 음성으로 사람을 취했고, 문왕은 도량으로 사람을 취했다."

인도의 석가모니 출생 일화가 담긴 〈불소행찬佛所行讚 제일탄생품第一誕生品〉에도 인상학에 관한 기록이 담겨 있다.

"그때 근처 동산에 고행하는 선인이 있었다. 아시타라고 불렸는데 상법에 능했다. 왕궁 문 앞에 와서 '범천에 응하고 고행하며 정법을 즐거워할 두 가지 상이 모두 나타나 있으므로 범행할 상을 온전하게 갖추었다.'라고 했다. (중략) 그가 궁중으로 들어와서 다만 왕자 뵙기를 즐거워할 뿐 아리따운 처녀의 무리가 있었지만 마치 부질없는 숲을 보는 듯했다."

이 내용은 선인 아시타가 석가모니의 상을 보고 왕위를 오르면 천하를 제패制覇할 왕이요, 출가하면 부처가 될 상이라고 예언한 전설의 근거가 된다.

서양의 인상학 역시 약 2,000년 전부터 시작되었다. 고대 메소포타미아에서도 동양의 인상학과 비슷하게 그 사람의 길흉화복과 미래의 운명을 점치는 예언적인 면이 있었다. 그리스 로마 시대에서 상을 본다는 것은 예언적이기보다는 경험적이고 분석적인 것이었다. 인상학에 뛰어난 능력을 보여준 것은 철학자들이었는데 히포크라테스와 아리스토텔레스가 대표적이다.

나는 인물화를 그린 지 8년가량 되었다. 어떤 그림이든 대상에 대해 많은 관찰을 해야 하는데 인물의 관찰은 조금 다르다. 사람의 얼굴을 관찰하다 보면 얼굴의 주름이나 표정에 주목하게 된다. 그 주름에서 보이는 삶을 상상하다 보면 그 사람의 일상이 궁금해지고 평소 성격까지 궁금해진다. 그렇게 인물화를 몇 년간 그리다 보니 사람을 대할 때 나도 모르게 그 사람의 얼굴을 뜯어보며 그 사람의 일상과 성격까지 추측한다.

'귓불이 크니 성격이 좋을까. 아, 귓불이 넓어도 속이 좁은 사람도 있었지.'

'나이가 든 사람들을 보면 귀가 모두 크던데 귀는 계속 성장하는 건가.'

'상대방과 대화할 때 눈을 잘 마주치지 못하는구나. 숨기는 것이 있나.'

'콧볼이 좁은 것이 속도 좁을 것 같다.'

'가르마가 반듯하고 잔머리가 한 올도 없구나. 완벽주의자인가. 집도 강박적으로 깨끗하게 청소할 것 같다.'

'입은 웃고 있지만 눈은 웃지 못하네. 속내를 감추기 좋아하는 사람인가.'

'사람 좋은 웃음을 짓고 있지만 뭔가 불편하구나.'

'귓속 정리가 안 된 걸 보니 집에서 편히 있을 때 볼만하겠다.'

'손톱을 항상 바짝 깎네. 강박증이 있겠다.'

보통 이런 생각들이다. 당연히 경험이 쌓인 추측일 뿐이다.

쇼펜하우어는 "각 개인은 얼굴 생김새대로의 존재이다."라고 했지만, 이 원칙을 적용하는 게 쉽지 않다고 했다. 얼굴로 그 사람을 알아보는 능력은 타고난 부분과 경험으로 얻어진 결과이기 때문이다. 그래서 완벽하게 읽을 수 있는 사람은 없고, 아무리 숙련된 사람이라도 실수를 저지른다고 한다.

대상이 거짓을 표현하는 것이 아니라 관찰하는 사람이 거기에 드러나 있지 않은 것을 읽는 실수를 저지른다. 하지만 대상이 자신에게 어떻게 보이는지 신경 쓰게 되는 순간 그의 인상은 가짜가 되어버린다. 그렇기에 우리가 중요하게 생각해야 할 것은 첫인상이라는 것이다.

어떤 사람의 인상을 보는 것은 그 사람과 아직 거리가 있는 사람, 즉 그 사람과 가끔 만나거나 이야기해서 그 얼굴과 가까워질 기회가 없었던 사람에 한정된다. 따라서 어떤 얼굴에서 완전히 객관적인 인상을 판독할 가능성이 있는 때는 처음 얼굴을 마주한 순간뿐이라고 쇼펜하우어는 말한다.

인상을 왜곡하지 않고 객관적으로 받아들이기 위해서는 그 인물과 무관할 것, 가능하다면 그 인물과 이야기를 나누지 않을 필요가 있다는 것이다. 대화하고 가까워지면 서로에게 주관적인 관계가 되고, 관계가 설정되면 인간은 연극을 시작하고 본성을 숨기고 아양을 떨면서 상대의 마음에 들려고 노력한다. 그로 인해 처음에는 분명히 보였던 부분까지 곧 보지 못하게 되어버린다. 그러다 나중에 사정이 나빠지면 대부분 첫인상의 판단이 맞다고 느낀다.

그리고 인간의 참된 인상을 순수하게 깊이 포착하기 위해서는 그 사람이 혼자 있을 때를 관찰할 필요가 있다. 자기 생각과 기분에 흠뻑 젖어 있을 때 100% 그 자신이 된다. 아무런 영향도 받지 않는 얼굴에는 그 사람의 모든 생각과 노력의 기조가 뚜렷이 드러난다.

하지만 인상학적으로는 지적인 면만 추론 가능할 뿐 도덕적인 면까지 알기는 쉽지 않다. 미국의 끔찍한 연쇄살인마 '테드 번디 Theodore Robert Bundy'는 외모가 수려하고 지적이며 언변도 뛰어나 매우 매력적으로 보였다. 그래서 모두 그가 범죄자일 것으로 생각지도 못해 많은 사람이 피해를 보게 되었다. 인상으로는 범죄자를 가려낼 수 없다는 쇼펜하우어의 말이 옳은 것이다.

생텍쥐베리의 《어린 왕자》에 천문학자 이야기가 있다. 그는 작은 소행성을 발견했는데 세계 천문학 회의에서 발표할 만큼 대단한 일이었다. 하지만 처음에는 허름한 옷을 입었기에 아무도 그 학자의 말을 믿어주지 않았다. 몇 년 후, 그 학자가 매우 훌륭한 양복을 입고 다시 세계 천문학 회의에 나갔다. 그리고 허름한 옷을 입었을 때와 동일한 내용을 발표했는데 이번에는 모든 천문학자가 그의 말을 믿어주었다.

물론 보이는 것이 다는 아니다. 어찌 한 사람의 인성과 세월을 겉모습만 보고 알 수 있겠는가. 인상학을 맹신할 수는 없지만 분명한 것은 인간관계에서 인상을 무시할 수 없다는 것이다. 수천 년 전부터 동서양 할 것 없이 인상을 연구해 왔고, 지금까지도 인간들은 여전히 외모를 가꾸고 관상에 관심을 두는 걸 보면 앞으로도 그럴 것이다.

온라인 기사에서 종종 "관상은 과학이다."라는 우스갯소리를 볼 수 있다. 겉으로 풍기는 이미지를 관리하는 것은 타인을 위함이 아니라 당신을 위한 것이다. 특히 동서양에서 역사적으로 가장 중요하게 보았던 눈빛, 이 눈빛이 반짝반짝 빛나고 활활 타오르도록 하라.

경험은 나를 키우는 성장통이다

쇼펜하우어는 부유한 사업가 아버지와 명문가 집안의 딸인 어머니 사이에서 태어났다. 어머니는 괴테와 교류하는 등 활발하게 활동하는 문학 작가였다. 아버지는 아들이 자신과 같은 사업가가 되길 원했다. 그래서 어릴 때부터 매너와 언어 습득은 물론 프랑스어를 배우도록 했다. 또한 철학박사 룽게에게 사업가로서 필요한 교육을 철저히 배우게 했다. 그런데 아이러니하게도 이러한 교육의 영향으로 쇼펜하우어는 학자가 되고 싶다는 생각을 품게 된다.

하지만 아버지는 학자는 가난하게 살 수밖에 없다고 생각했고, 쇼펜하우어가 15세가 되던 해에 다음과 같이 말했다.

"네 엄마와 유럽 여행을 갈 생각이다. 이번 여행은 좀 길 것 같구나. 너도 함께 가자꾸나. 대신 다녀오면 꼭 상인이 되겠다고 약속해 주겠니?"

쇼펜하우어는 학자가 되고 싶은 마음에는 변함이 없었으나 호기심이 왕성한 15세에게 여행은 거절할 수 없는 유혹이었다. 그래서 일단 상인이 되겠다는 약속을 하고 여행을 떠났다. 그는 이 여행에서 사람들이 사는 모습을 직접 보고 느끼며 인생의 고통에 대해 더욱 깊이 고찰하는 계기가 되었다. 마치 석가모니가 그랬던 것처럼.

훗날 쇼펜하우어는 그 여행에 대해 다음과 같이 이야기했다.

"정규교육과는 다른 방식의 길을 걸어온 덕분에 나는 어릴 때부터 단순히 사물의 이름을 외우는 것에 만족하지 않게 되었다. 사물을 관찰하고 탐구하고 내 눈으로 직접 확인한 다음에야 인식하고 이해하게 되었다. 의미도 모르면서 무턱대고 단어만 암기하는 것보다 그게 훨씬 중요하다고 생각하게 되었다. 그래서 나는 단어를 아는 것이 그 사물 자체를 아는 것이라는 착각을 피할 수 있었다."

어릴 적 이 경험을 바탕으로 쇼펜하우어는 '인위적 교육'보다 '자연적 교육'이 옳다고 주장했다. '인위적 교육'이란 학교에서 배우는 정규교육과 같이 일방적인 교육을 말하는 것으로 우리나라의 주입식 교육이 이에 해당한다. 반면 '자연적 교육'이란 직접 밖에 나가 보고 듣고 느끼는 체험을 말한다.

인위적 교육으로 얻을 수 있는 '개념'은 자연적 교육으로 얻는 '직관'을 추상화한 것이기 때문에 직관을 정확하게 알고 난 다음 개념을 배우는 것이 순서라고 했다. 하지만 일반적인 교육은 아이들에게 개념을 먼저 알려준다. 이렇게 개념을 억지로 머릿속에 넣게 되면 아이는 고지식하고 꽉 막힌 사고를 하게 되어 결국 뒤틀린 어른이 된다. 여기에 더해 무엇이 진실인지 혼란에 빠져 고통스러운 타격을 입을 수도 있다.

아이들에게 "돼지는, 멧돼짓과의 포유류. 몸무게는 200~250kg이며 다리와 꼬리가 짧고 주둥이가 삐죽하다. 잡식성으로 온순하며 건강하다. 임신 4개월 만에 8~15마리의 새끼를 낳는다. 멧돼지를 길들여 가축으로 만든 것인데 중요한 축산 동물의 하나로 모양과 색깔이 다른 여러 품종이 있다."라는 설명을 먼저 한 뒤 돼지를 직접 보는 것과 돼지를 먼저 보고 난 후 위 설명을 듣는 것은 매우 큰 차이가 있다는 말이다.

그나마 '돼지'에 대한 객관적인 설명이기에 책으로 먼저 접하여 상상한 돼지의 모습이 잘못되었더라도 실제 돼지를 보고 바로잡을 수 있지만, 돼지가 아닌 '복잡한 사회적 개념'에 대해서는 책으로 먼저 접해 잘못 이해하게 되면 그 개념을 바로잡기는 매우 어렵다.

학부모들 사이에 "애들, 책 많이 읽히지 말래."라는 말이 한동안 돌았다. 그다음 대화는 보통 이랬다.

"왜?"

"몰라."

"책을 많이 읽어야 도움이 되는 거 아니야?"

"그러게."

대화는 보통 이렇게 흐지부지 끝나고 만다.

책을 많이 읽어야 좋다고 알던 어른들은 별안간 책을 많이 읽으면 안 좋다는 이야기를 이해하지 못한다. 이에 대해 쇼펜하우어가 대답해 준다.

"아동이 인생에 대한 지식을 배울 경우 중요한 것은 원전原典으로 직접 배우게 해야지 사본으로 익히게 해서는 안 된다."

즉 인생이란 원본을 직접 겪기도 전에 책(사본)으로 겪게 하지 말라는 말이다. 특히 어릴 때 소설(픽션)을 읽는 것은 매우 안 좋은 교육이라 했다. 예컨대 〈백설 공주〉나 〈신데렐라〉처럼 공주들이 열악한 환경에서 갑자기 등장한 왕자의 도움으로 인생 핀다는 이야기는 오랫동안 여성과 남성의 역할을 세뇌해 왔다. 이렇게 세뇌된 여성과 남성의 역할을 다시 바로 잡기 위해 오랜 시간이 걸리고 사회적으로 많은 갈등이 발생하며 많은 자원이 필요로 한다.

쇼펜하우어는 이러한 문제의 지점을 지적하는 것이다. 아직 다양한 경험을 하지 못하여 판단력이 미성숙한 어린아이들에게 어른들의 시선으로 작성한 소설(픽션)을 읽히면 잘못 주입된 오류와 망상은 없애기 어렵다. 따라서 철학이나 종교 등 개인마다 견해

“

세상은 ‘나’를 중심으로 돌아가는 게 맞다.
사회에서도 관계에서도 오롯이 ‘나’를 지키고 바로 세워야 한다.
하지만 혼자서 자기 의지를 실현하기란 어렵다.
방해하는 공작도 많고 시기와 질투가 뒤따른다.
이에 대한 해법을 쇼펜하우어가 제시했다.

”

가 다를 수 있는 학문은 일찍이 가르치지 말고 수학이나 과학과 같이 다툼이 없는 학문을 일찍부터 가르쳐야 한다고 했다.

독서를 하지 말고 소설을 읽지 말라는 의미가 아니다. 태어난지 얼마 되지 않아 다양한 경험을 하지 못한 아이들에게 선입견 가득한(혹은 가득할지 모르는) 책을 다독시키기보다 아이가 세상을 직접 경험하도록 한 후에 독서하는 것이 옳다는 말이다. 그렇게 하면 "책이니까 모두 맞다."라는 심각한 오류를 저지르지 않게 된다는 것이다. 따라서 전집을 잔뜩 사다가 집에서 매일 순서대로 그 전집을 읽히는 것보다 시간이 날 때마다 박물관이나 미술관을 다니고 함께 낮은 산이라도 오르내리며 자연을 경험하게 하는 것이 좋다.

'직관'과 '개념'은 시간이 지나 나이를 먹음에 따라 가까이 접근해 나중에는 결국 합치된다. 쇼펜하우어는 이것이 '인식이 성숙된 상태'라고 했다. 인식의 성숙은 개인의 능력 차이와 관계없다. 추상적 인식과 직관적 인식의 연관이 문제가 아니라 그 둘의 강도가 다른 것에 영향을 받기 때문이다. 그러므로 자신만의 시각으로 세계가 어떠한 곳인지 어떻게 움직이고 있는지 정확하고 근본적인 지식을 갖는 것이 중요하다.

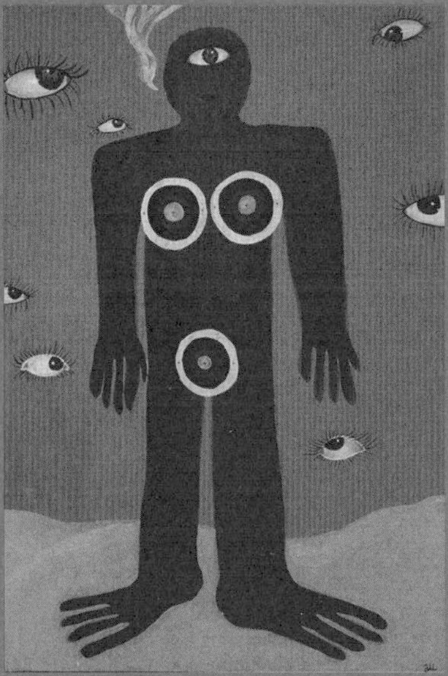

인간의 시선이 머무는 곳.
그리고 그 대상마저 그런 시선을 가지고 있다는 것.

제4장

고통과 함께 살기

삶의 고통은 당신을 성장시키는 밑거름이다.
지금 당신을 고통스럽게 하는 사람이 있다면,
그 사람은 당신에게 가르침을 줄 고마운 사람이다.
중요한 것은 고통에 대한 당신의 생각을 부풀리지 않는 것이다.

과거는 과거일 뿐
미련을 두지 말자

어릴 적 순수했던 시절로 돌아가고 싶은 순간이 있다. 아무 걱정 없이 지낼 수 있던 시절. 풋풋했던 대학 시절을 그리워하다 보면 과거로 돌아갈 수 있을 것 같아 설렌다. 하지만 눈만 몇 번 깜박거리면 산적한 현실의 일이 보여 그런 공상 따위는 사치가 되고 만다. 그렇게 벗어날 수 없는 삶을 살다 보니 어느새 나이를 먹었고 아이들은 커버렸다.

쇼펜하우어도 유년기를 "인생의 4분의 1이 가장 행복한 시기이고 이때를 언제나 행복한 낙원으로 추억한다. 우리가 유년 시절을 즐겁고 아름답게 회상하는 것은 그 시절이 고뇌로 충만한 의지의 생활에서 떠나있기 때문이다."라고 했다. 이런 유년기가 있어 어른이 된 후에도 어려움을 이겨낼 수 있는 게 아닌가 싶다. 물론 유년기를 힘들게 보낸 사람도 있겠지만.

외국의 한 초등학교 학생이 여름방학 숙제로 그려온 '가족'이란 그림[11]을 보고 깜짝 놀란 선생님은 순간 눈물이 왈칵 쏟아졌다.

당신은 다음 그림 속 사람들이 무엇을 하는 것으로 보이는가?

11 https://www.insight.co.kr/news/400208(원문:온라인 미디어(tiin)

선생님은 가족 모두 목을 매달고 자살하는 것 같은 그림에 학생이 학대당하는 건 아닌지 걱정되었다. 선생님은 학생을 불러 그림을 설명해 달라고 조심스럽게 얘기했다. 그리고 학생의 해맑은 대답에 선생님은 졸인 마음이 풀어지며 웃을 수밖에 없었다.

"방학 동안 가족이랑 스쿠버 다이빙을 하러 간 장면을 그린 거예요."

학생은 여름방학 동안 가족들과 스쿠버 다이빙을 즐기며 행복한 시간을 보낸 것이다. 선생은 안도하며 아이의 머리를 쓰다듬어 주었다.

이같이 아이들은 환경에 몰입해 직관적으로 사물을 해석한다. 따라서 걱정이나 고민이나 다른 해석이 없다. 그저 아름다운 낙원이다. 성인이 되어 그때를 회상할 때도 당연히 그 시절은 아름다운 것이다.

유년기에는 세상의 아름다운 일면만을 알고 두려움을 모른다. 우리 자각에 나타나는 모든 사물이 순수한 그 사물 자체 또는 예술에 그려진 것과 비슷해 매우 선량하고 아름답게 보인다. 또한 봄에는 모든 나무 잎사귀가 초록빛으로 보이듯 미래의 영웅이나 학자, 농부, 시골 사람 할 것 없이 서로 친밀한 사이가 되어 독특한 사회를 이룬다.

그러나 이 시절을 벗어나면 사물과 의지의 온갖 반작용이 일어나 괴로운 운명에 시달리면서 결국 두려움을 알게 된다. 의욕적인 삶에 따르는 모든 장애와 근원을 체험하고 인생에 대한 꿈이 깨어진다. 행복의 실재를 믿고 이를 손에 넣을 것이라는 기대에 온 힘을 다 기울이고 살지만 오히려 그것이 실망과 재앙의 근원이 되어버린다. 다시 말해서 노력의 결과로 갖게 되는 것은 언제나 되풀이되는 실패와 실망, 그리고 이에 따르는 불만이 생길 수밖에 없다는 것이다.

젊었을 때 소중한 것으로 생각했던 것들이 점점 소중하지 않게 되고, 따라서 이 소중한 것들은 더 이상 아름다운 추억이 되지 않는다. 나이가 들수록 시간의 흐름이 점점 빨라진다. 나이가 들수록 인생이 짧다는 것을 알게 되고 죽음이 가까워져 오는 것을 깨닫기에 교수대로 향하는 사형수와 같은 느낌이 들기도 한다.

그토록 대단하게 느껴졌던 것들이 나이를 먹을수록 별것 아니었음을 깨닫는다. 인생의 경험을 통해 원하는 모든 것을 얻을 수 없음을 깨닫고 행복을 찾기보다 고통 없는 삶을 원하게 되고 작은 것에도 행복하게 된다.

내가 생모의 감언이설에 속아 원치 않던 직장에 취직했을 때, 그 직전 시점으로 돌아가고 싶다는 생각을 십수 년간 했다. 그때로 돌아갈 수만 있다면 원하는 공부를 딱 1년 만이라도 하고 싶었다. 그러나 아무리 생각하고 간절히 원해도 그 시점으로는 절대 돌아갈 수 없었다. 과거로 돌아갈 수 없다는 사실에 더욱 힘들었다. 과거에 사로잡혀 아무것도 하지 못하기를 반복하고, 괴로움에 일상생활조차 되지 않자 과거를 회상하는 것을 중단해야겠다는 생각이 들었다.

과거는 오로지 각자의 기억에만 존재한다. 물론 과거의 존재에 대한 증빙 자료로 사진이나 영상이 있지만 그조차도 지금 볼 수 있는 자료일 뿐 과거 자체는 아니다. 영화 〈백투더퓨처〉에서처럼 엉뚱한 과학자의 도움을 받아 시간을 거슬러 과거로 간다면 과거의 존재를 믿겠지만 과거에 간 순간 역시 그것은 현재일 것이다.

과거의 좋았던 때를 회상하기 위해 그 지역에 가 본다면 지금의 당신은 그때와 똑같은 느낌을 가질 수 있을까? 초등학생 시절이 그리워 그때 살던 집에 가 둘러보고 등굣길을 걸어보고 학교 운동장을 들여다보면 초등학생 시절로 돌아갈 수 있을까? 아름답고 서툴렀던 첫사랑의 기억이 너무 아름답고 좋다고 수십 년이 지나 그 첫사랑 만난다면 그때 그 느낌이 그대로일까?

우리는 절대 과거의 때로 돌아갈 수 없다. 그때의 그 느낌을 느낄 수도 없다. 과거로 돌아가는 가장 효과적인 방법은 단지 그때 들었던 음악을 듣는 것뿐이다. 다시 경험할 수는 없지만 그때의 기억과 느낌을 고스란히 느낄 수는 있다.

지금 당신이 이 글을 읽고 있는 이 순간도 과거 속으로 줄달음질 치고 있다. 과거로 돌아가고 싶다는 생각이 든다면 지금을 충실히 보내라. 이 순간도 당신의 미래에는 돌아가고 싶은 과거가 될 테니.

걱정의 출처는 미래다

어느 날 초등학생인 아이가 학교에서 작은 인형을 하나 만들어 왔다. 베개 밑에 넣기에 무엇이냐 물었더니 '걱정 인형'이라며, 자기의 걱정을 이 인형을 다 가지고 갈 거라고 했다. 과테말라에서 온 풍습으로 걱정 인형에게 근심·걱정을 털어놓으면 걱정이 사라진다는 것이다. 웃어넘겼지만 사실은 나 역시 다양한 걱정에 잠 못 이룰 때가 많기에 걱정 인형 하나쯤 있었으면 싶었다.

"걱정해서 걱정이 없어지면 걱정이 없겠네."

한 번쯤은 어디선가 들어봤을 티베트 속담이다. 걱정이라는 것은 끝이 없다. 머릿속에 걱정이 한번 들어오면 꼬리에 꼬리를 물고 계속해서 생산된다. 온갖 걱정 때문에 밤을 꼬박 새운 적이 있을 것이다. 새벽 3시쯤 되면 당신은 뇌에게 이렇게 외친다.

'제발 좀 조용히 해! 이제 좀 자고 싶다!'

하지만 이번엔 또 다른 걱정이 시작된다.

'이렇게 잠을 못 자서 출근하면 힘들겠네. 일하다가 졸면 어떡하지? 아. 또 이러고 있네. 빨리 자자. 아니 근데 옆 부서 A는 왜 그렇게 나한테 왜 그런 식으로 말했던 거지. 날 무시하는 건가? 아, 생각하니 열 받네. 자기가 뭔데 나를 무시해.'

이러다 보면 동이 터 창밖은 점점 밝아오고 한숨도 자지 못했는데 출근 시간이다. 이런저런 생각으로 이렇게 며칠 잠을 못 자다가 회사에서 A를 만난다면 그동안 상상해온 A에 대한 불쾌한 생각과 불면不眠 때문에 기분이 나쁘다. 그런데 A는 당신이 생각했던 것과 다르게 친절하다. 잠시 혼란스럽다. 오히려 당신이 A에게 행동이나 말로 실수를 할 수 있는 상황이 된다.

'어? A가 그동안 나를 무시한다고 생각했는데, 아니었나?'

별일 없는 듯한 A의 행동은 계속해서 당신을 혼란에 빠뜨린다. 이제 후회하기 시작한다. 며칠 동안 그 생각 때문에 시간을 낭비하고 잠을 못 잔 것에 대한 후회.

쇼펜하우어는 공상을 조심하라고 했다. 어두운 상상에 쏠려버리면 공상은 좀처럼 물리칠 수 없는 온갖 형상을 우리에게 거듭 안겨준다는 것이다. 이런 공상은 판단력이 없으며 마음을 무익하게 때로는 가혹하게 동요시키는 환상을 눈앞에 보여준다. 그러므로 공중누각을 쌓아서는 안 된다. 공중누각의 소재는 현실성이 희박하지만 우리를 위협하는 불행한 사건이 아니던가.

이러한 원칙은 밤에 더 완벽하게 드러난다. 밤에 침대에 누워 있으면 정신이 느슨해진 상태에서 이미 판단력을 완전히 잃어버리고 공상만이 머리에 떠오른다. 잠들기 전 혹은 자다가 밤중에 눈을 떴을 때 우리 생각은 주로 꿈속에서와 마찬가지로 사물을 크게 왜곡하거나 전도시킨다. 밤이 검은빛으로 모든 사물과 인간을 덮어버리기 때문이다.

그러다 아침이 되면 무서운 형상들은 꿈결처럼 고스란히 사라진다. 이런 현상을 말하는 "밤은 먹물, 낮은 흰빛."이라는 스페인의 속담이 있다. 밤에 등불을 켜도 이해력은 한낮처럼 분명하게 느껴지지 않으므로 밤에는 불쾌한 사건을 성찰하기에 알맞지 않다. 이런 상황에서 당신이 당한 불법 행위나 감정이 상하는 일, 손실, 모욕, 배척, 능욕을 떠올리거나 마음속에 그려보는 행동은 금물이다. 그렇게 하면 오랫동안 진정되었던 불만이나 분노가 그 밖의 온갖 혐오스러운 격정을 불러일으켜 당신의 마음을 더럽힌다. 이런 생각들이 공상이라는 옷을 입으면 역겨운 색채를 띠거나 차츰 팽창되어 끝내 하나의 괴물처럼 부풀어 오른다. 따라서 모든 불쾌한 일은 되도록 가볍게 여기어 자유롭게 놓아두는 것이 좋다.

마르쿠스 아우렐리우스는 《명상록》에서 '걱정'에 대하여 상상력은 언제까지 꼬리를 감추지 않는다고 했다. 이것이 너무 지나치면 마음에 고통을 주어 예측할 수 없는 가능성과 현실성으로 간주하여 공포에 사로잡히게 된다는 것이다.

걱정이란 대부분 부정적인 생각이다. 이런 생각들이 지속되면 결국에는 당신의 운명 전체에 영향을 줄 수 있다. 걱정으로 인한 고통이 계속되면 신체에도 영향을 주어 병을 얻을 수 있다. 신경 쓸 일이 생기면 복통이나 두통이 생기는 경우는 너무나 흔하다. 극심한 스트레스를 겪다가 한두 달 안에 급성 암에 걸리는 경우도 주변에서 보았다.

쇼펜하우어 역시 마음에 근심이 있으면 심장이 두근대고, 심장이 두근대면 마음이 심란해진다고 했다. 비통함이나 걱정이나 심란함은 생활기능을 방해하고 유기체의 활동을 떨어뜨려 혈액순환, 분비, 소화를 어렵게 만든다. 반대로 신체 기능이 육체적 원인으로 저해 받거나 정체되거나 혹은 어떤 난조를 보이면 그때도 걱정과 우울, 근심이 생기게 된다.

발타자르 그라시안은 잊어야 할 일은 빨리 잊으라고 했다. 나쁜 일을 당했을 때 가장 효과적인 치료제는 '그 사건을 잊는 것'이다. 좋은 기억을 떠올리는 습관도 꼭 필요하다. 기억은 사람을 천국으로도 지옥으로도 데려다주기 때문이다.

개인적 생애의 경과와 사건은 커다란 조각으로 된 모자이크 작품에 비유할 수 있다. 이런 작품을 감상할 때 앞으로 지나치게 가까이 다가가면 그 모자이크가 무엇을 묘사한 것인지 전혀 알 수 없다. 그 중요성과 아름다움도 볼 수 없다. 조금 떨어져서 봐야 이해가 된다. 이와 마찬가지로 자기 생애의 중요 사건도 그 일이 일어나고 있는 동안이나 바로 뒤에는 이해되지 않는다. 꽤 오랜 시간을 두고서야 비로소 이해되는 것이다. 그러니 타인의 행동이나 자기 행동에 섣부른 판단을 하지 말자. 얼마쯤의 세월을 두고 정당한 빛이 비쳐 들어와야 진실을 알게 되는 것이다.

역사적으로도 당대에는 인정받지 못하거나 혹은 과장되어 인정받던 예술작품이 후대에 다른 평가를 받듯 개인의 역사에도 그렇다. 저 멀리 우주에서 지구를 보면 그 안의 인간들이 피부색이나 종교, 성별이 구분되어 보이지 않는다. 당신이 지금 우주에 있다면 그런 기준은 중요하지 않다. 시간 역시 마찬가지이다. 저 멀리 우주에서 보는 것처럼 우리가 과거를 돌아보는 것은 같은 효과가 있다. 지금 당장 어떤 일이 너무 크고 힘들고 감당이 되지 않는 것은 그 일이 당신의 눈앞에 놓여 있기에 엄청난 일처럼 보이는 것뿐이다.

중요한 것은 객관적인 판단이다. 당신의 머릿속에 스멀스멀 걱정이 올라오면 잠시 객관적으로 보도록 노력해 보라. 과연 당신의 걱정으로 변화할 가능성이 있는지 말이다. '내일 비가 오면 어떡하지.'라는 걱정을 하고 있다고 가정해 보자. 당신의 걱정으로 내일 비가 오지 않게 할 수 있는가? 이처럼 걱정은 아무것도 변화시킬 수 없다. 세상은 그대로 돌아간다. 당신의 직장동료들 역시 당신의 걱정으로 변하지 않는다.

당신의 소중한 시간과 에너지를 쓰고 건강을 해치면서까지 걱정하지만 변하는 것은 아무것도 없다. 지금 걱정이 될 만한 것이 있다면 객관적으로 그 현상을 관조해 보기 바란다. 그리고 걱정이나 현재의 노력으로 변하는 것이 없다면 일단 다음으로 넘어가라.

만약 당신의 노력으로 상황이 변화할 수 있다면 걱정할 시간에 '실행'하라.

걱정이나 부정적인 생각을 머릿속에서 몰아내는 것은 쉽지 않다. 마치 프로메테우스의 간을 독수리가 파먹어도 또 생기고 재생되는 것처럼 이어진다. 하지만 당신 자신을 위해 노력해야 한다.

마르쿠스 아우렐리우스는 "네가 너의 상상력으로 고통을 부풀리지만 않는다면 참아낼 수 없거나 영원히 끝나지 않을 고통이라는 것은 없다."라고 했다. 해석하거나 판단하려 하지 말고 있는 그대로 보는 습관을 지녀라. 똑같은 현상을 있는 그대로 보는 사람과 자의적 해석을 하는 사람의 고통은 다르다. 상대방의 웃음에 대해 왜 웃는 것인지, 혹시 나를 비웃은 것인지, 왜 나를 비웃었는지 몰입하여 생각하게 되면 자신만 고통스러울 뿐이다. 사실 그 상대방은 바로 조금 전에 기분 좋은 일이 있어서 웃은 것뿐이다.

지금 당장의 것에 마음 쓰지 마라. 당신 자신을 위해 당신을 좀먹는 행위보다는 생산적인 생각과 행위를 하도록 노력하는 게 옳다.

마음을 미혹시키는 괴로움의 고삐를 끊고

탄식을 그만두는 사람은

영혼을 위한 최상의 구제자이다.

고대 로마 시인 오비디우스의 〈사랑의 치료법〉

애쓰지 않아도
시간은 흘러간다

〈지워지지 않은 주름〉

세월아 이다지도 빠르게 가지 마라.
나이가 몇 살인지 알 수가 없는구나
할배라 그 소리에 정말로 할배인가

거울을 앞에 두고 비추어 바라보니
얼굴에 송피같은 주름살 그어졌네
내 얼굴 손을 대어 아무리 쓸어대도
그 주름 지워지지 않고서 붙는구나.
지우개 붙잡아서 밀어도 안지우네

그제야 늙었구나 생각이 잠겼도다.
늦게야 알았으니 진짜로 치매로다.

어느 90세 무명 시인 故 강상숙

유엔은 고령 인구(만 65세 이상) 비율이 7%를 넘으면 고령화사회, 14%를 넘으면 고령사회, 20% 이상이면 초고령사회로 정했다. 여러 나라가 이미 고령사회에 진입했고, 일본은 이미 초고령사회이며 우리나라도 곧 초고령사회가 될 것이다. 평균수명이 점차 늘고 있는 시대에 노인의 인구는 늘 수밖에 없는 현실이다.

인간은 자기 눈앞의 손익밖에 보이지 않는다고 했던가. 우리나라는 노키즈존No Kids Zone이 등장하고 얼마 있지 않아 노실버존No Silver Zone도 생겨났다. 장사 못 해도 좋으니 노인들은 들어오지 말라는 것이다. 심지어 애완견은 들어와도 되지만 노인들은 들어오지 말라는 표지판으로 한동안 이슈였다. 사업장의 사장들이 말하는 이유는 다양하지만 결국 노인의 느린 행동, 키오스크

작동에 대한 이해력 부족 등 가게 운영에 있어 다른 손님의 불편을 초래한다는 것이다.

2022년 〈플랜 75〉라는 영화가 일본에서 개봉되었다. 노인이 많아진 탓에 국가 재정 부담이 커짐에 따라 75세 이상의 노인들에게 존엄사를 권하는 내용이다. 플랜 75를 선택한 노인들에게는 10만 엔(약 90만 원)을 지급한다. 노인들은 죽기 전 이 돈으로 여행을 다니거나 호텔에서 좋은 시간을 보내는 데 사용한다. 이 영화의 주인공은 나이 때문에 직장에서 퇴직했지만 아직 무엇이든 할 수 있다고 생각한다. 그러나 어느 직장에서도 주인공을 받아주지 않는다. 그런 상황에서 플랜 75라는 국가 제도를 알게 되고 이제 자신은 사회에 쓸모가 없는 존재라고 믿는다. 하지만 영화에서나 실제에서 75세 이상의 노인들은 생기있게 살아있고 열심히 일하는 사회의 한 구성원이다. 단지 나이만 조금 많을 뿐이다.

인간의 일생은 본디 짧지도 길지도 않다. 노인의 처지에서 보면 지나간 인생은 짧디짧다. 그리고 시간이 가는 속도도 빠르다. 노인이 되면 과거가 꿈결처럼 느껴진다. 그것은 우리가 동일한 현재, 영원히 지속되는 '지금'이라는 시간의 순간만을 갖고 있기 때문이다.

쇼펜하우어는 40대 전에는 인생이 희망으로 가득하다는 망상과 욕망에 사로잡혀 있기에 고통이 많은 시기라고 했다. 하지만 40대 이후는 세상에 별다른 기대를 하지 않게 되어 고통도 줄어들며 노년에는 몇 가지 특징이 드러난다고 한다.

첫째, 노인은 정욕으로 말미암아 번뇌와 고통을 느끼지 않는다. 정욕은 결코 우리를 행복하게 할 수 없다. 따라서 이때는 건강만 유지되면 삶의 무거운 짐은 한결 적어지고 또 가벼워진다. 아주 늙어 버리기 전 몇 해 동안이 생애의 가장 좋은 때라고 하는 것은 이 때문이며 몸과 마음의 안정을 얻고 있다는 점에서는 사실 그렇게 말할 수도 있다.

인간의 모든 쾌락은 욕망이라는 정신의 결함을 보충해 줄 뿐이다. 그러므로 욕망이 없어지면 동시에 쾌락도 자취를 감춘다. 이는 식사를 마친 직후에는 식욕이 나지 않고 잠을 자면 졸리지 않는 것처럼 조금도 비관할 일이 아니다. 우리가 이성을 가진 인간이 되는 것은 성욕을 느끼지 않은 상태로 들어간 뒤의 일이다. 성욕은 인간을 언제나 들볶으며 한시도 자유를 주지 않고 해악과 불행을 가져오는 직간접적인 중요한 원인이 된다. 그러나 노년기에 이르면 오래 묶여 있던 사슬에서 풀려나 자유롭게 거닐 수 있는 사람처럼 큰 해방의 기쁨을 맛볼 수 있다.

둘째, 노년기에 이르면 마음이 진정된다. 이것은 핏줄이 한결 싸늘해지고 감각의 자극이 줄어들었기 때문이며 경험이 사물의 가치와 향락의 내막을 알아차렸기 때문이다. 이제는 모든 것을 한결 올바르게 그리고 뚜렷하게 인식하고, 모든 것을 사실 그대로 해석하며 이 세상 모든 사물의 공허함을 통찰하게 된다. 이것이야말로 노인에게 현명한 태도를 지니게 하며 이것이 젊은이와 다른 특징을 이룬다. 그리하여 노인은 행복의 중심을 이루는 마음의 평정을 얻게 된다.

셋째, 지식이 원숙해지고 정밀하게 된다. 이 무렵에는 경험과 지식이 풍부하여 모든 사물을 여러모로 살피고 탐구하여 상호 연관성을 찾아낸다. 이에 대한 종합적인 정확한 지식에 따라서 그 진상을 알아내기도 한다.

노년기에 접어들면 여러 경험으로 깨닫는 바도 많고 나이에 따라 단련을 쌓게 되므로 성격은 원만해지고 언행도 한결 부드러워질 수 있다. 모든 개념이 경험으로 밑받침되어 있어 그 지식이 더욱 확고해지고 젊은 시절의 이런저런 수확이 늘어나 진정한 의미에서 소유하게 된다. 인생에서 성숙하고 정확한 개념은 오직 노년에 이른 사람에게만 주어지는 특전이다. 그들은 능히 인생의 참된 모습을 달관할 수 있다.

노년에 이르면 열정이 가라앉고 사물을 관조하는 경향을 띤다. 이는 지식이 의지에서 떠나 권위를 갖게 되기 때문이다. 이러한 순수한 지식에는 고뇌가 조금도 따르지 않으므로 이 지식이 인간 내면생활의 중심이 되면 더 큰 행복을 얻을 수 있다.

넷째, 망상에서 깨어난다. 지금까지 매력적이던 환영은 사라지고 그것의 공허함을 깨닫게 된다. 그토록 바라던 사물이나 탐내던 향락의 배후가 아주 보잘것없는 것이라는 사실을 깨닫는다.

여러 경험에서 우러나온 견해로 우리의 존재가 커다란 빈곤과 공허에 지나지 않았다는 사실을 알게 된다.

노인은 구약성경 전도서의 "헛되고 헛되도다. 모두가 헛되도다."라는 말의 의미를 안다. 모든 호도가 언뜻 보면 금빛으로 번쩍거려도 속은 비어 있음을 알아차린다. "인간은 만년에 와서야 비로소 무슨 일에나 놀라지 않는다."라는 호라티우스의 경지에 도달하게 된다. 다시 말해 모든 사물이 공허하며 겉보기에 아무리 화려해도 속은 비어 있다는 확신에 도달하므로 망상은 사라지게 된다는 것이다.

다섯째, 인간의 생존 의식은 나이를 먹을수록 희미해진다. 마치 아무리 훌륭한 미술품이라도 몇 천 번 보면 감흥이 사라지는 것과 같다. 나이가 들수록 모든 사물은 표면을 스쳐 갈 뿐 별다른 인상을 남기지 않는다. 다만 눈앞에 맞닥뜨릴 필요에 따라 움직일 뿐 나중에는 자기가 무슨 일을 했는지도 잘 모르게 된다. 그래서 의식이 줄어듦에 따라 세월도 빨리 흘러간다. 흘러가는 시간은 마치 아래로 떨어지며 가속도가 붙는 공과 같다. 점점 시간이 빨리 지나가므로 이것이 권태를 막아준다.

누구나 노인이 된다. 하지만 쇼펜하우어의 말처럼 끝없이 살 것 같이 느끼는 젊은 사람들은 그런 생각은 하지 못한다. 그로 인해 노인들에게 잔인해진다. 노인이 되더라도 자신에 대한 인식은 노인이 아니고 여전히 무엇이든 할 수 있는 존재임에도 불구하고 말이다. 시간은 흐른다. 당신도 나이 든다. 그렇다면 노인을 보는 시각을 바꿔야 한다.

죽음이 없다면 오늘은 의미 없다

진시황제는 자신의 사후 세계를 위해 거대한 지하 갱도인 병마용갱을 만들었다. 그 안에 수천 명의 병사와 말, 마차 모형을 만들어 넣을 만큼 막강한 권력을 가진 황제였다. 그는 인간으로서 누릴 수 있는 모든 것들을 다 누려보았기에 인간이 정복하지 못한 죽음에 도전했다. 불로불사不老不死의 꿈을 이루기 위해 서불에게 불로초를 구해오도록 했으나 허망하게도 50세에 외지에서 객사하고 말았다. 무소불위의 권력도 죽음 앞에서는 아무것도 아님을 알게 되는 대목이다.

죽음은 인간의 출생과 같이 생각할 수 있다. 엄마 배 속의 아기는 아늑하고 안전하고 익숙하기에 밖으로 나가기에 두려울 것이다. 하지만 자신의 의지와는 전혀 상관없이 자연의 섭리에 따라 세상으로 나온다. 세상 밖으로 나오는 과정도 고통이다. 자기 머리보다 훨씬 좁은 통로를 빠져나와야 하니 말이다. 그렇게 어렵게 나왔더니 차가운 공기와 낯선 환경, 눈이 아프도록 밝은 빛, 시끄러운 소리를 한꺼번에 맞닥뜨리게 된다. 아마 많은 경험을 한 성인이라 하더라도 자신이 겪어보지 않은 후각, 시각, 청각, 촉각의 자극이 한꺼번에 닥친다면 그 공포심은 이루 말할 수 없을 것이다.

갓난아기를 보고 있노라면 몇만 년 동안 걸쳐 등장하는 수많은 다양한 인간들은 어디에서 와서 어디로 가는 것인가 하는 의문이 든다.

인간의 종말은 출발과 연결될 수밖에 없다. 우리는 태어났을 때부터 이미 죽음의 손에 들어가 있다. 죽음은 잡은 것을 다 먹어버리기 전에 잠시 농간을 부리고 있는 것에 불과하기 때문이다. 마치 비눗방울이 언젠가 터진다는 사실을 알지만 가능한 한 크게 오랫동안 부는 것과 마찬가지이다.

이집트의 신 아몬[13]은 빼앗는 자인 동시에 주는 자이다. 카톨릭의 GOD 역시 알파와 오메가로 되어 있으며, 인도 신화에 등장하는 파괴와 죽음의 신 '시바'는 해골 목걸이와 남근을 의미하는 링가를 상징물로 부여하고 있다. 이 역시 죽음과 생식을 함께하며 균형을 유지하는 것이다.

쇼펜하우어는 자연에서 중요한 것은 개체가 아닌 종족, 즉 먹이사슬의 유지라고 했다. 개체는 자연에 있어 아무런 가치도 없고 또 가치를 가질 수도 없다고 한다. 무한한 시간, 무한한 공간, 그리고 그 안에 있는 무한히 많은 개체가 자연의 일부이기 때문이다. 개체는 무수한 방식과 보잘것없는 우연으로 파멸에 몸을 맡기고 있을 뿐이다. 생명이 부여된 모든 것들은 생성과 동시에 멸망이 정해져 있고 종족 보존에 봉사한 그 순간부터 자연에 의해

---

13 고대 이집트에서 신(神)들의 왕으로 숭배된 신. 원래 테베 지방의 신이었으나 이집트가 통일이 된 후에 파라오의 수호신으로 숭배되었으며, 특히 태양신인 라(Ra)와 동일시되어 아멘라로 불리었다. 머리에 한 쌍의 깃털 장식을 쓰고 턱수염이 긴 인간의 모습으로 표현된다.=아멘.(출처:국립국어원 표준국어대사전)

멸망으로 인도된다.

우리는 살아가며 개체가 생성하고 소멸하는 것을 본다. 그러나 개체는 현상일 뿐이며 개별화의 원리에 결박된 인식을 통해 존재하는 것에 불과하다. 그러므로 개체는 그 삶을 선물처럼 받아들이고 무無에서 생긴 다음 죽음에 의해 그 선물을 잃어버리고 무로 돌아간다.

우리의 삶은 자신의 본질을 객관화하여 시간의 형식을 취해 나타난 일시적 현상으로 생성하고 소멸하는 개체들 속에 표시된다. 즉, 인간은 본질이 객관화되어 삶이라는 형태로 잠시 나타난 것일 뿐이라는 의미이다.

커다란 자연이라는 우주의 어머니는 그 자식들이 헤아릴 수 없는 고난과 위험에 놓이지만 모든 순환은 자연이라는 커다란 품 안에서 이루어지기에 특별할 것 없다고 여긴다. 이 관점에서 보면 인간의 삶은 고통 아니면 권태이다. 인간이 여기에서 벗어나 더 좋은 세계로 가면 행복할 것으로 생각하는 것은 착각이다. 인간

"

삶은 고통의 연속이다.
태어나는 순간 터트리는 울음부터 시작하여
하루하루를 살아내는 것 자체가 힘든 여정이다.
포기할 수 없는 이 여정을 어떻게 이끌어 갈 것인가.
무엇이 '나'를 살아가게 하는가. 쇼펜하우어를 만나 지혜를 구해 보자.

"

자체가 아예 송두리째 다른 특성의 무엇으로 바뀌어야지만 새로운 세상에서 새로운 행복에 대해 생각해 볼 수 있다.

그러므로 인간이라는 존재로 영원불멸을 원하는 것은 의미가 없다. 인간으로 오래 살아도 어차피 고통과 권태의 사이에서 왔다 갔다 할 뿐 달라지는 것이 없기에 불멸을 추구하는 것은 어리석다.

그럼에도 불구하고 여러 가지 이유로 평균수명이 늘고 있다. 우리나라 통계청 자료에 의하면 평균수명은 1980년 66.1세, 2000년 76세, 2022년 82.7세이다. 20년에 약 1년씩 늘어나는데 이와 같은 추이로 본다면 2040년경에는 90세, 2060년경에는 100세가 넘는다. 이는 평균수명이므로 2060년경에는 120세까지 사는 사람도 많을 것으로 추측된다.

쇼펜하우어는 오래 사는 것에 대해 오늘도 고통이고, 내일도 고통이고, 죽는 마지막 순간까지 고통일 것이라 했다. 그의 말처럼 인생은 고통의 연속이라는 것이 장수長壽 시대를 사는 인간들이 피부로 느끼게 될 것이다.

나의 아버지는 몇 년간 요양병원에 계시다가 돌아가셨다. 요양병원에 계시는 환자분들은 혼자 돌아눕지도 못할 정도로 거동이 아예 안 되는 분들이었다. 말씀도 제대로 못 하시고 의식만 있는 분들이 대부분이었다.

한번은 아버지께 병문안을 갔을 때 마침 점심시간이었다. 간병인 한 분이 "식사 시간입니다!"라고 외치며 카트를 끌고 왔는데 카트에는 한약 팩과 비슷하게 생긴 주황색 팩이 쌓여있었다. 곧 그 팩의 정체를 알게 되었다. 환자들의 콧줄의 끝에 팩이 이어졌고 마치 링거 팩처럼 환자가 누워있는 침대 옆 위쪽에 걸렸다. 그러고는 조용한 식사가 시작되었다. 보통은 "식사 시간입니다!"라는 멘트 뒤에는 몇 초도 지나지 않아 음식 냄새, 숟가락이 그릇에 부딪히는 소리, 쩝쩝 소리의 이어짐이 당연한데 그곳에서의 식사 시간은 너무나 적막했다. 환자분들은 천정을 보며 입도 움직이지 않고 눈만 껌벅이고 계셨다. 팩 안에 들어있는 음식물로 추측되는 물질이 콧줄을 통해 위로 들어갈 뿐이다. 그들은 위에 물질들이 들어가는 것을 느끼고 있는 것일까. 이분들은 식사 시간마다 무슨 생각을 하실까.

혼자 몸을 돌려 눕지도 못하고 그저 온종일 천정만 바라보다가 잠들고 깨고를 반복하는 그러한 생명의 연장이 무슨 의미가 있는가. 저 환자분들은 매일 무슨 생각을 하고 계실까 싶었다. '차라리 빨리 나를 죽여 줘.'라고 생각하실까. 아니면 '이렇게라도 더 오래 살고 싶어.'라고 생각하실까. 아니면 인생의 가장 즐거웠던 순간들이 마치 오래된 필름 영화처럼 계속 반복 기억되실까.

평균수명은 점차 늘고 있는데 오래 사는 것이 과연 축복인지 저주인지는 두고 볼 일이다. 죽음도 두렵지만 오래 사는 것도 두려운 우리는 장수의 시기를 어떻게 '연명'할 것인지 반드시 고민하고 준비해야 한다.

쇼펜하우어는 인간이 죽음에 있어 무서워하는 것은 고통이 아니라고 했다. 고통은 분명히 죽음의 이쪽에 있는 것이며 고통이 두려워서 죽음으로 도피하는 일도 가끔 있고, 반대로 때로는 죽음을 피해 실로 엄청난 고통을 감수하는 일도 있기 때문이다.

인간은 고통과 죽음을 전혀 다른 것으로 구별한다. 인간이 죽음에 있어 무서워하는 것은 사실 죽음으로 명확히 표시되는 개체의 멸망 때문이다.

죽음은 자연의 일부이고 당연한 것이다. 오래 사는 게 고통의 연장일 뿐이라고 했던 쇼펜하우어 역시 1860년 9월 18일, 72세에 폐렴으로 죽어갈 때 "이탈리아 여행도 하고 싶고 저술에 고쳐 쓸 것도 있다. 지금 죽기 싫다."라고 했다.

스스로 가혹한 형벌을 내리지 마라

우리나라의 자살률이 심각하다. OECD 국가 중 자그마치 20년 년째 자살률 1위이다. 이는 대한민국 국민이라면 모르는 사람이 없을 정도로 널리 알려진 사실이다. 이런 문제의 심각성을 알지만 명확한 해법도 모른 채 우리는 우울의 시대를 살아가고 있다.

자살하는 원인에 대해서는 누구도 쉽게 단정지을 수 없다. 100명의 자살한 사람이 있다면 그 이유도 100가지가 다 다르다. 한 가지 원인이 아닌 여러 가지의 원인이 복합적으로 작용하기 때문이다. 그럼에도 자살을 줄여보고자 자살의 원인을 연구한 문서들에서 몇 가지 이유를 찾을 수 있다.[14]

첫 번째는 개인적인 특성이다.

① 독거 또는 홈리스Homeless인 사람들이 정신질환과 결합될 경우 자해를 반복하다 자살에 이르는 경우

② 우울이나 조울병 등 정신 병리적인 이유

③ 특정적인 유전적 위험성과 환경적 요인의 결합

④ 범죄피해(강간, 성폭행 등) 기타 정서적 학대의 피해

⑤ 신체적인 질환

두 번째는 가족 특성이다.

① 자녀가 어린 시기에 부모가 보인 정신적 문제

② 아동학대

세 번째는 사회환경적 특성이다.

① 노인 우울 : 그리스의 경우 첫 자살 시도에서 사망한 노인이 자살사망

---

14 황순찬, 2014. 성공회대학교 박사학위 청구 논문 <자살 행동에 대한 발견적 탐구-가장 역설적인 자기표현>

자의 82% (Parashakis, 2012)에 이른다.

② 이혼

③ 미디어 보도의 모방효과라고 한다.

특히 코로나 이후 청년들의 자살률이 사회적으로 이슈화되고 있다. 취업이나 미래에 대한 불안, 현실 불만족이 작용하는 것으로 보인다.[15] 2023년을 온 나라를 떠들썩하게 했던 각종 흉기 난동 사건이나 OECD 국가 중 저출생률 1위 등의 모든 주체는 청년들이고 그 원인은 같다. 다만 자살의 경우 공격성의 행동이 자신에게 향해있는 점만 다르다.

자살자는 죽고 싶은 마음이 아니다. 자신을 알아주지 않고 뜻대로 되지 않는 현실에서 도망치고 싶은 마음의 작용이다. 반대로 말하면 그들을 알아봐 주고(인정) 그들의 뜻이 반영되는 현실을

15 김진경, 2023. 숭실대학교 박사학위 논문 <자살 위기 청년의 살아감에 관한 현상학적 연구>

원하는 것이다.

미국 샌프란시스코의 금문교는 꽤 긴 기간 자살 때문에 골머리를 앓았다. 이 문제를 다룬 다큐멘터리에는 자살 시도 중 구출된 사람들의 인터뷰가 담겨 있다. 그들은 뛰어내린 그 순간 처음 떠오른 생각은 '지금 내가 무슨 짓을 하는 거지?'였다고 한다. 죽으려고 시도한 순간 살고 싶은 마음이 들었다는 것이다.

쇼펜하우어 역시 자살은 의지의 부정과는 거리가 멀고 의지에 대한 강렬한 긍정 현상이라고 했다. 자살자는 삶이 놓여 있는 조건들에 만족하지 못하고 개별적인 현상을 파괴함으로써 삶을 포기해 버린다. 착잡한 사정들을 받아들이지 못하고 큰 고통에 자기 의지를 주체할 수 없는 단계에 이르는 것이다. 따라서 자기 자신에게 전쟁을 선포하고 삶의 '장애'인 고통에 덤벼들어 자신을 파괴할 수밖에 없다고 생각한다. 그 결과 개인적인 의지는 고통이 의지를 꺾기 전에 자신이 외형에 불과한 물체(신체-생명)를 하나의 의지 행위로 파기해 버리는 것이다.

자살자는 의욕(자신이 원하는 바가 받아들여지기를 원하는 것)하는 것을 멈출 수 없어 자신의 현상(신체)을 파기함으로써 자기를 긍정한다. 그러므로 고통이야말로 의지의 억제이며 부정과 해탈에 이르는 수단이 된다. 고통이야말로 자살자에게 가까이 와서 의지의 부정에 대한 가능성을 보여 준다. 그런데 의지를 그대로 꺾지 않고 놔두려 하여, 의지의 현상인 신체를 파괴함으로써 고통을 배척하는 것이라 보았다. 다시 말해 자살자의 의지(본질)를 괴롭게 하는 고통을 부정하고 자신의 본질을 보존하기 위해 의지(자살자의 본질)의 현상일 뿐인 육체를 파괴하는 자살행위는 그렇게 지키고자 했던 본질을 파괴하는 모순적인 행위라는 것이다.

인간은 추상적인 사상으로 극심한 정신적 고통을 잊기 위해 육체적 고통을 만든다. 머리를 쥐어뜯고 가슴을 치고 심하게는 자해하는 것도 정신적 고통을 잊기 위해 하는 행동이다. 자살도 마찬가지다. 극도의 우울함이나 절망에 빠진 사람은 죽음이 덜 괴롭다고 느끼기 때문에 자살을 선택한다. 이런 모든 행동은 정신적인 고통을 잊으려 의도이다. '삶의 공포'가 '죽음의 공포'를 압도하는 단계에 이르면 모순행위임에도 자기 삶에 마침표를 찍는다.

그렇지만 죽음의 공포가 지니는 저항력도 만만치 않다. 죽음의 공포는 문을 지키고 서 있는 문지기와 같다. 문지기와의 싸움은 어쩌면 그리 어려운 일도 아니니다. 정신 고통과 육체 고통 사이의 극심한 대립이 유발된다. 예컨대 육체 고통을 매우 심하게 또는 계속해서 겪고 있을 때, 다른 근심에 대해서는 무심해지는 것과 같다. 오직 육체의 건강 회복만을 마음에 두기 때문이다. 이와 마찬가지로 정신이 매우 심한 고통을 겪을 때는 육체 고통을 느끼지 못한다. 육체적 고통을 무시하게 되는 것이다. 이를테면 육체 고통이 크더라도 기분 좋게 고통이 흩어져 정신 고통이 잠시 멈춘다. 바로 이런 사실 때문에 자살에 이른다. 심한 정신적 고통에 시달리는 사람들의 눈에는 자살이나 자해에 따르는 육체 고통이 중요하지 않기 때문이다.

삶에는 고통이 본질이다. 하나의 개별적 현상(개인의 육체)에 대한 자의적 파괴인 자살은 물자체에는 장해가 되지 않는다. 또한 자살은 인간이 자연에게 답변을 강요하는 하나의 실험이다. 인간이 죽음으로써 생존과 인식이 어떻게 변하는지 알려달라고 하는 실험 말이다. 그러나 그것은 어리석은 실험이다. 실험을 실행한 인간은 결과를 알기도 전에 이미 이 세상을 떠나게 되기 때문이다.

살면서 자살을 생각해 보지 않은 사람이 있을까? 나 역시 우울증과 공황장애를 겪던 시절 자살에 대해 진지하게 생각했다. 그 이유는 '나의 존재에 대한 부정不定' 때문이었다. 태어나자마자 보육원에 버려진 일, 내가 하고자 하는 일마다 생모로부터 모두 부정당했던 경험은 성인이 되고 나서도 힘든 일이 있을 때마다 스멀스멀 올라와 '나 같은 게 살아야 하는 이유가 뭘까?'라는 생각으로 지배당했다. 그리고 내 존재가 부정당하고 내가 아무것도 아니라는 사실은 내가 이 세상에서 없어져야 하는 이유로 돌아왔다. 그럼에도 성인이 된 어느 순간까지도 생모와 인연을 이어갔다. 그

때마저도 생모는 끊임없이 내 존재를 부정하는 말들을 했다. 이 괴로운 생각의 노예로 말미암아 내 삶은 더욱 피폐해져만 갔다. 일상생활이 되지 않을 정도였다. 이런 생각을 그만 멈춰야겠다 싶어 정신과를 찾아갔다. 정신과 의사가 내게 물었다.

"당신을 괴롭게 하는 원인은 많이 있겠지만, 그중 가장 큰 이유가 무엇인가요?"

"엄마요."

"당신을 괴롭게 하는 엄마와 왜 굳이 연락하나요?"

"가족이니까요."

"가족이라 해도 당신이 자살을 생각할 만큼 괴롭게 한다면, 연락을 이어가지 않는 것이 당신에게 더 좋습니다. 당신이 가장 우선순위를 두어야 할 가족은 친정엄마가 아니라 남편과 당신의 자녀들입니다."

핏줄이라는 게 뭔지 모진 악연이지만 가끔 그리울 때는 있었다. 그렇지만 이제 끊어내려 노력했다. 의사의 말처럼 그렇게 해야 내가 살 수 있고 나만 바라보고 있는 내 소중한 가족들을 위한 일이니까 말이다. 하지만 그 자석 같은 핏줄을 이기지 못하고 전화할 때면 어김없이 후회하곤 했다.

그런 시행착오를 여러 번 반복한 뒤 드디어 연을 끊었다. 그러자 정말 내 인생에 큰 변화가 왔다. 삶이 나쁘지만은 않다고 생각하게 되었고 무언가에 도전할 힘도 생겼다. "왜 살아야 하는지 아는 사람은 어떤 어려움도 참고 견딘다."라는 니체의 말은 힘이 되었다. 빅터 프랭클이 말한 살아야 하는 이유가 있는 인간은 자살하지 않는다는 의미도 되새겼다. 하지만 삶의 의미가 무엇인가에 대한 대답은 아무도 할 수 없다. 사람에 따라, 시기에 따라, 장소에 따라 모두 다르기 때문이다. 따라서 위와 같은 추상적인 질문이 아닌 각자마다 다른 구체적인 과제를 수행할 사명에 대해 생각하면 된다.

내가 힘들어할 때 내게 힘을 준 동료의 한마디가 있다.

"너니까 버틸 수 있었다. 그걸 버텨 낸 너는 대단한 사람이다."

쇼펜하우어는 삶의 무거운 짐에 짓눌린 사람, 삶을 좋아하고 삶을 긍정하지만 삶의 고뇌를 싫어하고 특히 자기 몸에 엄습해 온 가혹한 운명을 더 이상 참을 수 없다고 생각하는 사람, 그런 사람은 죽음의 해탈을 기대할 수 없으며 자살로 구제받을 수도 없다고 했다. 캄캄하고 차디찬 저승이 안식처로 마음을 끈다는 것은 큰 착각이다. 지구는 회전하여 낮에서 밤이 되고 개체는 태어났으니 죽는다. 그러나 태양은 끊임없이 불타는 영원한 낮이다. 삶에 대한 의지에서 삶은 확실하고 끝없는 현재이다. 이데아의 현상인 개체들이 시간 속으로 생멸하는 것은 어쨌든 꿈에 비교할 수 있다. 따라서 자살은 무익한 것이고 어리석은 행위이다.

가장 중요한 것은 내가 하는 이것이 맞는 방향이라고 생각하는 믿음.
다른 사람들이 무시하고 비웃어도 전혀 흔들리지 않는 신념.
그 과정을 즐기는 자세.

제5장

행복과 친해지기

Arthur Schopenhauer

쇼펜하우어는, 사람이 소유할 수 있는 것은
오직 '지금'밖에 없다고 한다.
하지만 그 '지금'이라는 순간은 과거로 내달리고 있다.
이 책을 읽고 있는 당신 역시
지금의 순간만 소유할 수 있다는 말이다.
그렇다면 행복하기 위해서 어떻게 해야겠는가.

지금 하는 모든 사랑은 아름답다

미술작품 한 점을 완성하려면 오랜 시간이 걸린다. 캔버스에 밑바탕을 깔고, 그날의 감정과 기분을 들여다보고, 때로는 지난 일에 대한 현재의 감정이나 기분을 정성스레 들여다본다. 그리고 물감이 다 마른 캔버스 위에 연필로 스케치한다. 원하는 색을 내기 위해 조색하고 스케치 위에 채색한다. 붓질이 스케치 선을 넘지 않도록 조심스레 칠해야 한다. 거칠게 표현할 때는 마음도 터프해야 한다. 작가조차 다 완성된 그림을 빨리 보고 싶어 하지만 그렇다고 과정을 소홀히 해서는 안 된다. 채색이 끝나고 나면 전체적으로 수정할 부분을 찾는다. 무엇을 더 추가하면 더 멋진 작품이 될지 찬찬히 바라본다. 추가하지 않고 그대로 끝내는 것이 멋진 작품이 될지도 고민한다. 그리고 다 그린 작품에 사인함으로써 작품이 완성된다.

미술작품을 만드는 각 과정에서 정성을 다하지 않으면 멋진 작품이 절대 나오지 않는다. 정말 신기한 점은 한 과정이라도 건성으로 하면 완성작에서 분명히 티가 난다는 것이다.

인간의 시간도 이와 같다. 그림을 그리는 각 단계는 현재이다. 현재를 소중하게 생각하고 최선을 다하면 완성작인 미래도 좋은 작품이 나온다. 완성작을 미리 걱정할 필요도 조급할 필요도 없다. 그저 각 단계에 최선을 다하면 작품은 완성된다. 완성작을 보기 전에는 구상한 작가조차도 명확한 결과를 모르기에 각 단계에 최선을 다할 뿐이다. 각 단계를 즐기는 것은 결국 완성작에 대한 만족으로 이어진다. 완성작을 보며 각 단계에서 어떻게 붓질했는지는 정확히 모두 기억나지 않지만 즐거웠다는 것만큼은 기억이 난다.

가끔은 결과물이 마음에 들지 않을 때도 있다. 하지만 그때 가서야 다른 색을 쓸 걸, 붓질을 다르게 해볼 걸, 다른 걸 그릴 걸 하고 후회해도 소용없다.

쇼펜하우어는 시간에 대해 "현재만이 유일한 진실이며 현실이다. 미래나 과거는 개념 속에 존재할 뿐 인간은 삶에서 유일하게 '현재'만을 소유할 수 있다."라고 말했다.

현재는 사실로 가득 차 있는 '시간'이며 우리의 존재는 현재 속에 한정되어 있다는 것이다.

우리의 의지 현상의 형식, 즉 삶 또는 실재성의 형식은 '현재'뿐이며 미래도 과거도 아니다. 현재만이 모든 삶의 형식이고 삶으로부터 절대로 빼앗아 갈 수 없는 삶의 확실한 소유이다.

현재는 그 내용과 더불어 언제나 현존한다. 의지에 있어서 삶은 확실하고 삶에 있어서 현재는 확실하기 때문이다. 물론 수천 년의 과거를 회상하고 그 수천 년 사이에 살았던 수백만의 인간을 회상하면 그 수천 년은 무엇이었는가, 그 수백만의 사람은 어떻게 되었는가 하고 묻는다. 우리도 그 수백만 인생들의 삶과 다르지 않다는 것이다.

쇼펜하우어는 실재적인 객관이 현재에만 존재할 뿐 과거와 미래는 단지 개념과 환영을 포함할 뿐이라 했다. 과거는 의지 현상의 본질적 형식이고 현재만이 언제나 현존하며 움직이지 않고 확립되어 있다. 현재는 경험적으로 포착하면 모든 것 가운데 가장 덧없다. 하지만 경험적 직관의 형식들을 초월하는 형이상학적인 눈으로 보면 유일하게 지속되는 것이고, 이런 현재가 바로 우리 자신이라는 것이다.

'현재'는 해외여행을 갔을 때 느껴볼 수 있다. 얼마 전 이탈리아 로마에 여행 갔을 때 줄 서서 먹는다는 피자가게에 간 적이 있다. 그 피자가게는 어찌나 손님이 많은지 빈 테이블이 없었다. 어쩔 수 없이 모르는 사람들과 합석했다. 유럽 여행 중인 미국인 신혼부부였다. 그들과 추천할 만한 여행지에 대해 간단한 수다를 떨었다.

그 후 한국에 돌아왔고 다시 일상이 시작되었다. 하지만 여행 때 갔던 피자가게는 여전히 손님들이 줄을 설 것이고 사람들이 서로 합석할 것이다. 내가 만났던 미국인 커플은 다른 어딘가를 여

"

행복은 모든 사람의 희망 사항이다.
인생을 걸고 추구하는 무형의 대상이기도 하다.
행복이 무엇이기에 이토록 갈구하는 것일까.
행복은 어디에 있고 어떻게 해야 행복과 어깨동무할 수 있을까.
쇼펜하우어의 행복론으로 들어가 보자.

"

행하는 중이거나 일상으로 돌아갔을 것이다.

피자가게에서 미국인 커플과 수다를 떠는 동안 대한민국의 내가 일하던 직장은 여전히 흘러가고 있었다. 그러나 내 현재는 피자가게에 있었기에 직장이 여전히 똑같겠다는 것은 추측일 뿐 직접 확인할 방법은 없다. 마찬가지로 이제 한국에 돌아와 근무하고 있지만, 피자가게에서의 내 현재는 이제 없다. 그저 피자가게의 현재를 추측할 뿐이다.

다시 말하자면 우리는 쇼펜하우어가 가졌던 그 '현재'를 당신도 똑같이 가지고 있는 것이다. 쇼펜하우어는 '현재'를 철학을 공부하는 데 사용하고 고뇌했다. 그럼 당신은 '현재'를 어떻게 사용할 것인가?

우리는 현재를 언제나 쾌활한 마음으로 맞아들여야 한다. 우리가 마땅히 환영해야 할 현재를 푸대접하거나 후회나 걱정으로 따분하게 만드는 것은 못난 짓이다. 그런데도 우리는 자신이 가진 아름다운 나날을 느끼지 못하고 헛되어 써버린다. 그리고 달갑지 않은 나날이 닥쳐오면 아쉬워하며 전과 같은 날이 돌아와 주었으면 하고 바란다.

정신적 안정을 원한다면 '오늘'은 오직 한 번뿐이고 결코 다시 오지 않는 것임을 명심해야 한다. 내일도 오직 한 번밖에 오지 않는 또 다른 하루이다. 쓸데없는 생각과 행동들로 시간을 낭비하지 말고 현재를 좀 더 가치 있게 즐기도록 하자.

'정말 공평한 것은 누구에게나 시간이 동일하게 흘러간다는 것'이다. 타인들이 지금을 쓸데없는 데 시간을 낭비할 때 당신만이 즐거운 마음으로 오로지 자신을 위해 1분 1초를 보내라. 시간을 낭비하는 사람들은 현재가 얼마나 소중한지 모르고 있지만, 당신은 그 사실을 벌써 깨닫고 순간순간을 마치 일생처럼 여기며 살아가야 한다. 우울한 기분으로 살기에는 시간이 너무 아깝다.

스콜라 철학자들은 "영원이란 시작과 끝이 있는 연속이 아니고 지속적인 현재이다."라고 가르쳤다. 인생에서 '지금'은 너무나 가치 있는 순간이다. 이 가치 있는 순간을 허비하지 말고 목적을 갖고 우주의 섭리에 맞게 즐거운 마음으로 따르는 게 맞는 일이다.

즐거움을 찾고 싶다면 먼저 쾌활함을 잡아라

쇼펜하우어는 행복을 위해 즐거움이 존재해야 하는 적극성보다 고통이 없는 소극성이 필요하다고 했다. 하지만 그보다 앞서 쾌활함이 있어야 한다고 강조했다. 이 특질만 있으면 다른 보물은 없어도 얼마든지 잘 살 수 있는데 외적인 요소보다 쾌활함을 유지하는 것이 당신을 더 행복하게 만들기 때문이다.

쾌활하기만 하면 부자, 가난, 늙음, 젊음에 관계없이 행복할 수 있다고 한다. 쾌활함만이 현시점에서 행복함을 느낄 수 있기에 그 어떤 재물보다 으뜸가는 것이다.

쾌활함을 유지하기 위해서는 건강해야 한다. 아리스토텔레스가 "생명은 움직임 가운데 있다."라고 말한 것처럼 생명은 움직임 속에 이루어지며 그 본체를 움직임 속에 갖고 있다. 인간의 내부

곳곳에서도 심장, 혈액, 폐가 끊임없이 경쾌하게 움직이고 있지 않은가. 따라서 인간 본체 역시 방 안에 앉아만 있으면 안 되고 외부 운동을 반드시 해야 한다. 운동하지 않으면 외부의 정지와 내부의 운동 사이에 파멸적인 심한 부조화가 일어난다.

이런 쾌활함을 유지하기 위해 중요한 것은 건강이다. 행복의 10분의 9는 건강에 의해 좌우된다. 건강하지 못하면 외부에 어떤 보물이 쌓여있더라도 이것을 누릴 수 없다. 그리고 다른 주관적 보물인 정신이나 기질, 취미의 특질은 병으로 말미암아 부실해지거나 크게 손상된다.

우리가 인사하는 "안녕하세요."라는 말에서 안녕安寧은 한자 편안한 안安, 편안할 녕寧으로 아무 탈 없이 편안하다는 뜻이다. 즉 우리가 인사할 때 안녕하시냐고 묻는 안부는 걱정이나 탈이 없거나 몸이 건강하고 마음이 편안하냐고 묻는 의미인 것이다.

그렇다고 건강한 사람이 모두 쾌활한 건 아니고, 타고난 됨됨이나 지력, 의지력에 따라 건강해도 우울할 수 있다. 사람마다 유쾌

함과 불쾌함을 느끼는 강도가 다르고 다른 감수성을 갖고 있기 때문이다. 우울한 성격을 타고난 사람은 불행한 결과를 먼저 생각하고 화를 내거나 실망한다. 이런 사람은 열 가지 중 한 가지만 실패해도 실패한 한 가지에 매몰되어 안타까워한다. 반대로 명랑한 성격을 타고난 사람은 열 가지 중 한 가지만 성공해도 한 가지의 성공을 기뻐하며 명랑한 얼굴이 된다.

쇼펜하우어는 인간의 행복을 위협하는 적은 고통과 권태라고 했다. 이 둘 중 한 가지에서 멀어져 있으면 다른 한 가지가 가까워 있거나 그 반대의 상태가 될 것이다. 인간의 이러한 모습에 대해 루크레티우스[17]는 《자연에 대하여》 제3권에서 다음과 같이 노래했다.

> 스는 때때로 저택을 버리고 바깥으로 나간다.
> 집안에 앉아 있기가 싫어서.
> 그러나 곧 되돌아온다.
> 밖에 나가도 기분이 개운치 않아서

말을 달려 재빨리 별장으로 간다.
불난 집에 불을 끄러 달려가듯이.
그러나 문지방을 들어서자 권태로운 하품을 한다.
때로는 깊은 잠에 빠져 자기를 잊으려고 하고
때로는 다시 도시로 급히 돌아간다.

그렇다면 권태란 무엇인가. 권태는 고통이 없는 상태이다. 그럼 고통이 없는 권태의 상태는 행복일까.

이에 대해 쇼펜하우어는 "정신력이 발달하지 못한 것은 감각의 둔함이나 피자극성의 결핍과 결합되어 있다. 이런 결합에서 오는 성질은 어지간한 고통과 우울을 느끼지 않게 해주는데, 이는 정신적으로 성장하지 못했기 때문이다."라고 했다. 여기서 인간은 공허를 느끼게 된다. 이 공허가 바로 권태로움의 근본 이유이고, 이것이 인간의 정신과 기분을 움직일 자극을 찾게 하고 갈망하게 만

---

17 BC 99~55. 로마의 시인. 자살한 것으로 알려져 있음.

든다. 그리고 권태를 느끼는 사람들은 내부의 공허를 없애기 위해 외부 자극을 선택할 때 수단과 방법을 가리지 않는다.

인간은 대부분 자유로운 시간이 주어지면 관능적인 향락이나 그 밖의 어리석은 일에 헛되이 쓰다가 나머지 시간은 권태에 사로잡힌다. 그러다 또 권태에 맞서기 위해 잠깐의 향락을 찾는다. 그럼 이 잠깐의 향락은 인간을 행복하게 해줄까? 그렇지 않다. 순간의 향락이 사라지고 나면 또다시 공허가 찾아온다. 그리고 그 공허가 두려워 인간은 또다시 더욱 자극적인 향락을 찾지만, 자극적이면 자극적일수록 향락이 사라지고 난 후의 공허는 더욱 커지기만 한다.

이러한 권태를 느끼지 않기 위해선 내면을 자신으로 꽉 채워야 한다. 그래야 외부 세계를 요구하지 않고 고통도 의연하게 받아들일 수 있다.

결국 당신은 당신에 대하여 가장 훌륭한 존재여야만 한다. '당신'만이 당신에게 가장 중요한 존재인 것이다. 아리스토텔레스는 《에우데모스 윤리학》 제7권 2장에 "행복은 자기만족 가운데 있다."라고 했다. 세상 곳곳을 다녀도 행복은 결국 당신에게 달려있다. 가득 찬 것은 고통뿐이며, 이 고통에서 겨우 벗어난 사람들에게는 곳곳에 권태가 기다리고 있다.

파랑새 이야기를 보자. 주인공 틸틸과 미틸은 요술쟁이 할머니의 아픈 딸을 위해 파랑새를 찾아 모험을 떠난다. 파랑새인 줄 알고 데리고 오지만 색이 변하거나 죽는다. 온갖 고생을 하지만 결국은 빈손으로 집에 돌아온다. 그렇게 돌아온 집에 파랑새가 있었다. 집에 파랑새가 있었지만, 그 사실을 까맣게 잊고 틸틸과 미틸은 다른 곳에서 파랑새를 찾았던 것이다.

인간의 행복은 이와 같다. 행복은 이미 당신 안에 있다. 그것을 모르고 다른 곳에서 행복을 찾으려 하면 안 된다. 당신 안에 행복이 있다는 사실을 알면 외롭지도 않고 고통스럽지도 않으며 권태에 사로잡히지도 않는다.

당신에게는 자연이 준 힘이 존재한다. 이 힘의 임무는 당신을 압박하는 고난에 투쟁하는 것이다. 쇼펜하우어는 이 힘이 드러나는 향락을 세 가지로 나누었다. 당신 내부에 어떤 힘이 있느냐에 따라 자신에게 맞는 향락을 선택하게 된다고 한다.

첫째, 재생산력을 기르기 위한 향락이다. 먹고 마시고 쉬고 자는 것이며 생존에 관한 것이다.

둘째, 체력에 대한 자극을 얻기 위한 향락으로 산책, 여행, 승마 등이다.

셋째, 정신의 감수성에 관한 향락으로 관찰, 사색, 연구, 묘사 등이다.

쇼펜하우어는 이 중 정신적 감수성이 두 가지 생리적인 힘보다 우위에 있음을 강조했다. 정신적 감수성을 추구하는 사람들은 훌륭한 지력을 가지고 있다. 그들은 사상이 풍부하여 언제나 새롭고 뜻있는 생활을 영위해 나간다. 그러므로 언제나 가치 있고 흥미로운 대상이 있으며 이에 몰두하면 고귀한 향락의 한 원천을 갖게 된다.

고귀한 정신의 절정에 있는 사람은 사물의 존재와 본질을 자기의 주제로 삼는다. 그리고 자기의 개성적인 신념으로 파악해 예술이나 시, 철학으로 표현하려고 힘쓴다. 이 같은 인간들은 다른 사람으로부터 방해받지 않기를 절실히 요구한다. 고독을 기꺼이 받아들이고 자유로운 시간을 최고의 보물로 여긴다. 세상에 대해 별 친밀감이나 관심을 보이지 않는다. 자신만 제대로 인식하면 모든 것을 체념할 수 있기 때문이다. 또한 사람들 사이에서 이방인 행세를 하고 이들을 생각할 때도 '우리'가 아닌 '그들'로 인식한다.

반면 정신적 욕구가 없는 사람들은 사소한 이해관계와 보잘것없는 것들에 힘을 기울이고 신경을 쓴다. 그리고 그런 것들이 중단되면 곧 감당할 수 없는 권태에 사로잡힌다. 이들은 실생활에서 오로지 개인적인 쾌락만을 좇는다. 스스로 그런 쾌락을 좇는 것을 자신만의 독특한 목적으로 생각하기에 급급하다. 명품 가방을 사거나, 고급 차를 사거나, 파티를 즐기며, 해외여행을 하는 등 사치를 부리려 한다. 참된 원천이 자신에게 있는 것을 모르는 것이다.

쇼펜하우어는 이런 사람들을 필리스터Philister(세속적인 사람, 속물)라고 했다. 필리스터는 오로지 육체적인 쾌락을 위해 사는 것이 목적이다. 고지식하고 아둔하며 무미건조하게 참고 견디어 나가는 진지함이 특징이라고 했다.

필리스터들은 정신적 욕구를 추구하는 자들에게 열등의식을 가지고 있다. 그들을 질투하고 저평가하면서 주위로부터 재물과 권력을 받으려 한다. 동시에 이것들로 우월함을 느끼려 한다. 그들에게는 정신적인 욕구가 없기 때문이다.

행복해지려면 정신적인 욕구를 추구해야 한다. 자신이 가장 중요한 존재임을 알고 자신 안에서 행복을 찾아 만족하는 것이 필요하다.

고통은 생각할수록 고통스러워진다

"여기에 들어오는 너희들은 일체의 희망을 버릴지어다!"[18]

쇼펜하우어 철학이 사람들에게 위안을 주는 이유는 인생은 고통이고 외로움이라고 말하기 때문이다. 과연 이렇게 사는 것이 맞는지, 무슨 의미로 사는 것인지, 다른 사람들은 다 잘 사는 것 같은데 나는 왜 이 꼴인지, 가족에게 말도 못 하겠고 친구들에게 말했다가는 무시당할 것만 같고. 이런 캄캄하고 긴 터널이 과연 끝나기는 할는지. '고통과 외로움에 술을 마시며 하루하루 겨우 고통을 마취시키다가 그냥 확 죽어버릴까.'라는 무서운 생각도 드는 세상, 지금이 바로 그런 세상이다.

---

18 단테 《신곡》 〈지옥편〉, 제3곡

사람마다 느끼는 고통은 각자 다르다. 고통은 결핍에서 비롯되는데 몹시 괴롭지만 '단념'하기란 대단히 어렵다. 결핍이라는 것은 지나가 버리는 현재에만 국한되기에 현재가 지나가면 잊을 수 있다. 하지만 단념은 미래에 달려있다. 미래의 알 수 없는 어느 시점에서 봤을 때 무수히 많은 결핍이기 때문이다. 그러므로 우리의 고통은 현재라는 시간에 있는 것이 아니라 미래, 즉 추상 속에 있다.

쇼펜하우어는 "인생은 고통으로 가득한 세상이기에 인간 개개인으로 볼 때는 모두가 패배자가 되는 것이다."라고 했다. 이 세계에 분명한 것은 하나도 없고 고뇌만 가득한 까닭은 세계가 무거운 죄에서 비롯하기 때문이라 한다.

쇼펜하우어뿐 아니라 브라만교나 불교, 엠페도클레스, 피타고라스의 주장도 이와 비슷하다. 이들의 견해에 따르면 자신에게 다가오는 인생의 크고 작은 모순, 고뇌, 질병, 불행의 일상이 된다는 것이다. 따라서 지혜로운 이들은 향락을 누리기보다는 오히려 고통이 없기를 바라며 자신에게 다가오는 재해를 조금이라도 막아보려고 노력한다.

인간들 가운데 선량한 사람들은 많은 위기를 거친 뒤에야 비로소 빛을 바라볼 수 있으며, 고귀하고 지혜로운 영감이 작용하는 데까지는 헤아릴 수 없는 많은 어려움을 겪는다. 하지만 이 모든 것은 지나가는 것 그 이상도 이하도 아니다. 끝없는 고통도 없고 영원한 즐거움도 없다. 그러므로 너무 심각하게 여길 것 없다. 무언가를 간절히 바라던 희망도 이루어지지 않는 경우가 부지기수이고 간절히 바랐던 무언가가 이루고 나니 어처구니가 없게도 아무것도 아닌 경우도 많다. 생각지도 못한 우연의 행불행이 발생하고 결국 이 모든 것들은 또 잊히고 만다.

인간이 현재의 고통을 없애려 발버둥 쳐서 한 가지 고통을 겨우 없애면 숨 돌릴 틈 없이 또다른 고통이 찾아온다. 그리고 그 고통을 맞이하다 보면 지난 고통은 기억도 잘 나지 않는다. 그렇게 죽을 만큼 힘들었지만 지나고 나면 또 자신의 기억 속에서 잊히는 것이다.

지구상의 모든 생명체는 나타났다가 사라진다. 인간도 마찬가지다. 긴 우주의 역사에 비해 인간을 비롯한 생명체들의 나타남과 사라짐은 찰나에 불과하다. 개별의 생명체가 살아 '존재한' 찰나의 순간보다, '부존재'의 기간이 비교도 되지 않을 만큼 길다. 그 짧은 생명의 순간에 인간은 눈앞의 이익을 위해 경쟁하고 모함하고 헐뜯고 싸운다. 그렇게 자신의 이기심을 충족시키면 고통이 사라지는가?

쇼펜하우어는 우리 생활은 마치 시계추와 같이 괴로움과 권태 사이를 오간다고 했다. 모든 생물은 고군분투하며 살아가는데 인간은 온갖 욕망에 사로잡혀 있기 때문이다. 다음을 보면 쇼펜하우어 철학의 핵심을 알 수 있다.

우리는 고통이 있는 것은 느끼지만 고통이 없는 것은 느끼지 못하고, 걱정은 느끼지만 걱정이 없는 것은 느끼지 못하며, 두려움이 있는 것은 느끼지만 안전한 것은 느끼지 못한다. 우리는 목마름을 느끼듯 욕구와 소망을 감지하지만, 바라던 것을 실제로 손에 넣으면 갑자기 매력이 사라져버린다. 마치 입 안에 든 음식물을 삼키면 아무 맛도 느끼지 못하는 것과 같다.

인생의 3대 선善인 건강, 젊음, 자유도 소유하는 동안은 조금도 느끼지 못하다가 잃은 뒤에야 비로소 느끼게 된다. 이 세 가지도 '소극적'인 선이기 때문이다.

행복한 나날을 보낼 때는 행복을 그리 의식하지 못하다가 그것이 지난날의 일이 되고, 대신 불행이 찾아오면 그제야 행복을 떠올리게 된다. 그리고 쾌락을 누릴수록 그에 대한 감각은 약해지고 어떤 쾌락도 익숙해지면 아무것도 아니게 될 뿐더러, 그 쾌락 때문에 오히려 고통은 더욱 뚜렷해진다.

쇼펜하우어는 인간 세상을 단테의 《신곡》에 등장하는 지옥보다 더한 곳이라고 했다. 인간은 저마다 자기 이웃에게 악마이고, 그중 가장 악마 같은 사람이 우두머리가 된다는 것이다. 그런 인간들이 서로 총과 대포를 쏘아대며 싸우는 것이 바로 이 세상이다. 우주 전체에는 폭력이 판을 치고 있으니 선善이 원칙이고 악惡이 예외가 아니라 그 반대라는 말이다.

그렇다면 악惡은 무엇인가.

마르쿠스 아우렐리우스는 "악은 당신이 충분히 많이 보아 온 것이다."라고 했다. 그러니 어떤 불쾌한 일이 있더라도 '이 일은 내가 전부터 많이 보아 온 것이다.'라고 생각하라는 것이다. 새로울 것 없이 늘 친숙하게 보아왔던 것들이 악惡이고 이것들은 덧없이 지나갈 것이니 익숙해지는 것이 좋다는 뜻이다.

수천 년 전에 살던 사람들에게도 인생은 고통의 연속이었다. 그리고 지금을 사는 당신에게도 그 고통은 존재한다. 또한 그 사이에 살았던 사람에게도 고통이 존재했다. 태어남과 동시에 죽는 날까지 고통은 반드시 누구에게나 존재한다.

그런데 도대체 왜 인간은 고통에서 벗어날 수 없는가.

쇼펜하우어는 고통의 또 다른 이유는 욕구 때문이라고 했다. 욕구를 갖는다는 것은 번거롭지만 세상을 사는 것이 욕구 그 자체라고 했다. 그래서 삶은 본질적으로 괴로울 수밖에 없다. 인생은 끝없는 사냥이며 우리는 거기서 포수가 되기도 하고 쫓기는 짐승이 되기도 하면서 고기를 빼앗는다. 끊임없는 욕구를 좇고 욕구에 좇기며 엎치락뒤치락하게 되는 것이다.

오늘 있었던 일을 되돌아보라. 아침에 더 자고 싶은 욕구, 회사에 가고 싶지 않은 욕구, 꼴 보기 싫은 동료를 보기 싫은 욕구, 직장이 더럽고 치사해도 일단 인사고과는 잘 받아놓고서 승진하는데 보태고 싶은 욕구, 내 집 마련하고 싶어 넣는 아파트 청약통장, 돈을 더 많이 갖고 싶은 욕구에 산 로또, 우리 아이가 공부를 잘했으면 좋겠다는 생각에 많은 학원에 뺑뺑이 돌리는 당신.

아침에 더 잘 수 있었는가? 회사에 가지 않았는가? 꼴 보기 싫은 동료에게 꼴 보기 싫으니 쳐다보지도 말고 말도 걸지 말라고 했는가? 승진은 가능성이 있는가? 청약통장에 넣을 돈은 있는가? 로또는 당첨되었는가? 많은 학원에 다니는 당신의 자녀는 당신의 기대만큼 공부를 잘하는가?

이 모든 욕구를 충족하기란 대단히 어려운 일이기에 욕구는 고통과 단짝인 것이다. 욕구를 좇고 고통을 받는 것은 당연한 굴레다. 쇼펜하우어는 고통은 적극적으로 우리에게 작용하는데 비해 행복은 소극적으로 작용한다고 했다. 이루어진 것에 대한 만족보다 이루어지지 않은 아쉬움에 지배당하기 때문이다. 그래서 오늘 그토록 바랐던 욕구가 이루어졌더라도 로또에 당첨이 되지 않았다면 다시 로또를 사는 것이다.

쇼펜하우어는 또 인간이 고통을 느끼는 이유를 동물과 비교했다. 인간은 동물과 달리 지나가 버린 일과 앞으로 다가올 일에 대해 생각할 능력이 있기에 불안, 두려움, 기대 때문에 쾌락과 고통이 실제보다 더 크게 영향을 미친다는 것이다. 권태에 사로잡힌 인간은 쾌락을 극대화하기 위해 좋은 음식, 술, 마약에 중독이 된다. 하지만 동물은 생각할 능력이 없기에 실제의 쾌락과 고통만을 느낀다. 과거나 미래에 위축되지 않고 현재의 고통만을 아는 것이다.

인간은 깊이 생각할 능력이 있기 때문에 고통과 쾌락을 불행과 행복이라는 감정적 반응으로 나타낸다. 그 불행과 행복을 극대화시켜 망상에 사로잡히기도 하고 심하면 자살에까지 이른다. 또한 인간은 늘 죽음을 내다보고 있다. 그렇기에 고통이 더 커지지만 결국에 얻는 쾌락은 사실상 동물이 소유하는 쾌락의 크기와 크게 다르지 않다고 쇼펜하우어는 말한다.

인간을 괴롭게 하는 고통의 이유는 욕망이 충족되지 않기 때문이다. 인생은 본래 고통을 수반하고 이는 필연성의 관점에서 변하지 않는다. 이를 진지하게 인정하면 고통에서 벗어날 수 있다.

쇼펜하우어는 우리가 재앙을 견디기 어려운 것은 그것을 우연이라고 인식하고 쉽게 다른 형태를 취할 수 있는 원인의 연쇄에서 초래된 것이라고 인식하는 데 기인한다고 했다. 우리는 직접적이고 필연적이며 보편적인 재앙, 즉 노화나 죽음처럼 일상적인 불유쾌함의 필연성은 한탄하지 않는다. 오히려 고뇌를 초래한 우연을 고찰하는 것이 더욱 괴롭다.

망상은 인간을 극단으로 치닫게 만든다. 지나친 기쁨이나 고통의 바탕에는 언제나 잘못된 망상이 존재하고 있다. 과도한 기쁨은 생활 속에서는 전혀 찾아볼 수 없는 것을 발견했다고 생각하는 망상에 근거하고 있다. 이것은 끊임없이 새롭게 고뇌를 만드는 소망 또는 불안과 근거를 같이한다. 이런 종류의 망상은 나중에 반드시 알려지게 되고, 그 망상이 없어진 뒤에는 망상으로 생긴 기쁨만큼 고통을 맛보는 대가를 치러야 한다.

사물을 명확하게 음미하고, 의연한 태도로 이 사물들이 갖고 싶어 하는 색채를 실제로 부여할 수 있다면 망상과 고통은 피할 수 있다.

괴로울 때 마음의 평정을 보존하려는 노력을
언제나 잊지 말며,
행복할 때
지나치게 기뻐하는 것을 삼가라.

호리타우스 〈송가집〉

쇼펜하우어는 고뇌를 추방하려는 노력은 고뇌의 모습이 바뀌는 것 말고는 없다고 했다. 고뇌의 모습이란 결핍, 궁핍, 삶의 유지를 위한 배려이다. 하지만 이는 매우 어려운 일이다. 그럼에도 이렇게 되지 않으면 고통은 곧 무수한 다른 모습을 하고 나타나 나이나 사정에 따라 달라지고, 성욕, 열렬한 애정, 질투, 선망, 증오, 불안, 명예욕, 금전욕, 병으로 나타난다. 고통이 급기야 다른 어떤 모습도 취할 여지가 없게 되면 혐오와 권태라는 슬픈 회색의 옷을 입고 나타난다. 이렇게 되면 사람들은 이것을 피하려고 또 여러 가지를 시도한다.

결국 힘겹게 혐오와 권태를 물리치고 나면 그것은 이전의 여러 고통 가운데 하나에 다시 빠져 처음부터 괴로운 춤을 다시 춘다. 그러므로 본질적으로 인생에 따라붙는 고통을 떼어버릴 수 없다는 것만 인식하자. 오직 그것만이 초조한 근심을 덜어준다.

정해진 운명대로 살면
싱거운 인생이 된다

당신은 운명이 정해져 있다고 믿는가?

사람들은 일이 잘 풀리지 않을 때, 중요한 일을 앞두고 있을 때, 새해가 시작될 때 운세를 점치러 철학관을 찾는다. 이런 사람들은 운명이 어느 정도 정해져 있다고 믿는다. 그 운명을 미리 알고 싶은 심정일 것이다. 그러나 사주를 보든 점을 보든 달라지는 것은 없다.

〈테헤란에서의 죽음Death in Teheran〉이라는 이야기를 보자.

돈 많고 권력 있는 페르시아의 부자가 하인과 함께 정원을 산책하고 있었다. 그런데 하인이 갑자기 비명을 질렀다.

"주인님! 방금 죽음의 신을 보았습니다! 저를 데려가겠다고 위협했습니다! 도망갈 수 있도록 가장 빠른 말을 빌려주십시오!"

주인은 승낙했다.

하인은 오늘 밤 안으로 테헤란으로 도망치겠다며 말을 타고 황급히 떠났다. 주인은 발길을 돌려 집으로 들어왔다.

이번에는 주인이 죽음의 신을 마주치게 되었다. 주인은 죽음의 신에게 물었다.

"어째서 그대는 나의 하인을 겁주고 위협했는가?"

죽음의 신이 대답했다.

"나는 그를 위협하지 않았다. 다만 오늘 밤 그를 테헤란에서 만나기로 했는데 아직 출발하지 않고 이곳에 있기에 놀라움을 표시했을 뿐이오."

나는 운명이라는 것에 대해 오랫동안 생각해 왔다.

운명은 정해져 있는 것인가, 아니면 중요한 시점에서 개인의 선택으로 운명의 길이 바뀌는가.

미혼모에게서의 출생과 버림받음. 나의 출생으로 인한 생모의 원망, 친척들의 멸시, 이복형제들의 나에 대한 혐오. 대학을 졸업하고 하고 싶은 공부가 있었으나 생모는 돈이 없으니 취직한 뒤 직접 돈을 벌어 공부하라고 했다. 하지만 알고 보니 돈이 없는 것이 아니라 내게 줄 돈이 없다는 말이었다. 오히려 키워 준 값을 내놓지 않으면 민사소송을 하겠다는 말도 했다.

평생 자식으로서 나를 존중하지 않은 생모를 계속해서 원망했다. 오직 원망만이 내 머릿속을 가득 메웠다. 그렇게 원망하는 시간이 쌓이고 쌓여 어느새 20여 년의 세월이 흘렀다.

운명은 어떤 부모에게 태어나는지에 따라 결정된다는 생각이다. 그 삶은 우리가 선택한 것이 아니다. 우리가 부모를 선택할 수 있는 상황이 아니지 않은가. 하지만 그 안에서 생모에 대한 원망을 빨리 접고 나를 위한 다른 더 좋은 선택을 했더라면 미래(지금은 과거이자 현재)는 조금 달라졌을 것이다.

쇼펜하우어는 우울해지거나 시시각각 닥쳐오는 인생의 참사에 슬퍼하거나 얼굴을 찌푸리지 말고, 벼룩에게 물렸다고 신에게 도움을 청해서는 안 된다고 했다. 우리는 어디까지나 지각 있는 사람이다. 만일 액운이 인간에게서나 또는 어떤 일에서 일어나더라도 이를 예방하기 위해 세밀한 주의를 기울여야 한다. 동시에 동화에 나오는 영리한 여우처럼 크고 작은 모든 재앙을 조심스럽게 피하도록 지혜를 모아야 한다.

모든 사람은 태어나면서부터 얼마쯤 구체적인 여러 원칙이 생긴다. 이 원칙은 가정과 의지의 성과이며 핏줄에도 스며있다. 이 원칙을 어릴 때는 알지 못하지만 나이가 들어가며 생애를 돌이켜 볼 때 눈에 보이지 않는 실처럼 따라왔음을 깨닫는다.

인생은 배의 항해와 비교할 수 있다. 운명이 바람 역할을 하여 우리를 멀리 운반해 가기도 하고 때로는 멀리 돌아가게 만들기도 한다. 이에 대한 우리의 노력이나 분투는 그다지 힘을 쓰지 못한다. 노력이나 분투가 '노' 역할을 하여 얼마쯤 나아가면 갑자기 회오리바람이 일어나 전진한 만큼 후퇴시킨다. 그러나 순풍이 불어올 때는 바람만으로도 계속 전진하게 되므로 노를 저을 필요도 없다.

운명은 우리에게 은총을 베풀어 주는 동시에 우리를 학대하고 가진 것을 빼앗아 간다. 운명이 가져다주는 것에 우리는 아무런 청구권도 갖고 있지 않다. 그것은 인간의 참된 가치나 공로에 의한 것이 아니고, 오직 운명의 호의와 은총으로 주어진 것이다. 간혹 방황과 탈선으로 놓쳐버린 많은 행복과 닥쳐올 불행을 생각하며 자기의 불찰을 나무라지만 그것은 당치 않은 일이다. 지난날에 일어난 모든 일은 결코 자신만의 책임이 아니다. 운명도 일정 부분 역할을 했다.

외부의 현실적인 조건과 자신이라는 두 가지 원인에서 비롯된 결과가 우리들의 생애이다. 이 둘은 밀접한 관계를 갖고 서로 영향을 주며 변화를 일으킨다. 타고난 능력이 매우 보잘것없어 조금만 소홀해도 외부의 현실적인 조건이나 자신의 굳은 결의도 예측할 수 없게 된다. 겨우 현재의 결의와 조건을 헤아릴 수 있을 뿐이다.

운명의 주사위가 사정없이 굴러가는 이 세상에서는, 언제나 마음에 든든한 갑옷을 입고 강철 같은 마음을 지녀야 한다. 인생은 짐짓 하나의 싸움이며 한 발짝 앞으로 나아갈 때마다 싸워야 하기 때문이다.

볼테르는 "이 세상에서 성공을 거두려면 죽을 때까지 칼을 손에서 놓지 말아야 한다."라고 했다. 그러므로 위태로운 먹구름이 덮쳐 오거나 구름이 지평선에 나타나기만 해도 미리 겁먹고 위축되지 말자. 미리 겁내고 비명을 지르는 것도 비겁한 짓이다.

인생의 전반부는 경험이 많지 않아 자신의 선택지가 적다. 그래서 인생의 전반부는 부모가 준 운명에 좌지우지되기도 한다. 하지만 그 적은 경험과 이미 주어진 운명으로 인해 겪은 다양한 고통 덕분에 마음속 굳은살은 두툼해진다. 그렇지만 인생의 후반부인 40세 이후에는 희망이나 행복에 대한 기대가 적어지고, 운명을 좌지우지하는 데 부화뇌동하지 않으며 여유 있게 삶을 선택할 수 있는 능력이 생긴다.

결국 주어진 운명은 40세까지 해당이 된다는 말이다. 그러므로 굳세게 살아나가라. 그리고 역경에 용감히 맞서라.

틸틸과 미틸은 파랑새를 찾기 위해 많은 곳들을 다니며 온갖 고생을 했다.
파랑새인 줄 알고 데리고 오다 보면, 집에 오는 길에 색이 변해버리거나 죽어버렸다.
결국 찾지 못하고 집에 돌아왔는데, 파랑새는 집에 있었다.
행복은 직접 찾아다녀야 하는 것이 아닌, 행복하고 싶다면
고통이 없는 상태가 되도록 노력하는 것이 맞다.

제6장

나에게 관심 쏟기

Arthur Schopenhauer

당신은 도대체 어디에 있단 말인가.

다른 사람의 시선이 머무는 곳에 있는가.

그렇다면 빨리 벗어나라. 그리고 당신을,

당신 안으로 데리고 오라. 그리고 관심 가져줘라.

그것이 시작이다.

어떤 선택에도 후회가 따라붙는다

쇼펜하우어는 동물과 인간 모두 '동기'에 행동을 규정 받지만, 인간만이 '선택 결정'을 갖고 있다고 했다. 목이 마르니 물을 마시고 싶다는 동기는 동물이나 인간이 동일하지만, 인간은 물을 마실지 음료수를 마실지 선택할 수 있다는 말이다.

이러한 동기에 의지가 영향을 받는 것은 아니지만, 의지가 행동으로 표출될 때는 영향을 끼친다. 동물은 직관적인 표상만 갖고 있지만 이성이 있는 인간은 추상적인 표상(개념)을 갖고 있기 때문이다.

인간에게는 동물을 능가하는 완전한 '선택 결정'이란 숙고의 능력이 있다. 이것 때문에 자유의지를 가지고 있으며 일정한 충동이 의욕으로 작용하는 일 없이 인간의 의욕이 지성을 조작한 결과라고 믿는다. 그런데 동물은 직관적으로 행동하기 때문에 제3자가 보더라도 예상되고 납득이 된다. 하지만 인간은 선택의 행동이 저 동기 뒤에 실제 동기가 숨어 있어서 선택하는 자신조차도 모를 때가 많다. 이러한 선택은 인간 내면에 존재하는 본질과는 영향이 없다.

인간은 선택할 수 없는 것들이 몇 가지 있다. 가족, 성별, 곱슬머리 등의 선천적인 것과 그리고 타인의 마음과 행동이다. 그 외에는 모든 것을 선택할 수 있다. 이러한 선택들로 인해 당신이 완성된다. 결국 인생은 곧 선택이라고 해도 과언이 아니다.

우리는 늘 선택한다. 이 순간에도 당신은 선택하고 있을 수 있다. 저녁 메뉴는 무엇으로 할까, 택시를 탈까 버스를 탈까, 오늘 운동할까 말까, 친구를 만날까 등 사소한 선택도 있지만 인생을 좌지우지할 선택 앞에 놓일 때도 많다. 집을 살까 말까, 대학 간판을 보고 갈까 말까, 전공을 보고 갈까 말까, 결혼할까 말까. 어떤 회사에 지원할까 말까, 유학을 갈까 말까 등과는 상관없다.

선택한 후 그 결과로 힘들면 "그때 술을 마시는 게 아니었어.",

"그때 그 대학교에 가는 게 아니었어.", "그때 결혼을 하는 게 아니었어."라고 말하면서 우리는 선택을 후회한다.

1993년 인기 프로그램 〈TV 인생극장〉이라는 예능이 있었다. 두 가지의 선택 앞에서 화면이 멈추며 주인공은 "그래! 결심했어!"라고 외친다. 그리고 두 선택의 경험과 결과를 보여준다. 우리 인생도 모든 선택지를 다 경험해 보면 좋으련만 그럴 수 없다. 누가 그랬던가. 인생은 리허설 없는 실전이라고.

빅터 프랭클의 《죽음의 수용소에서》를 보면 제2차 세계대전 당시 아우슈비츠의 경험과 그 안에서 관찰한 사람을 이야기하고 있다. 그 안의 수감자들은 많은 선택을 해야 했다. 그들의 선택은 생사가 걸린 결정들이었다.

전선前線이 수용소에 가까이 왔을 때 수감자들에게 탈출의 기회가 온 적이 있다. 많은 수감자가 탈출했고, 빅터 프랭클도 탈출하려 했지만 마지막 순간에 어떤 기술적인 문제로 탈출하지 못했다. 그래서 모두가 떠난 여자 막사에서 일단 탈출 후 필요할 거 같은 쓸 만한 물건들을 주워왔고, 수용소 안의 환자들을 회진했다(빅터 프랭클은 정신과 의사지만 수용소 안의 환자들을 돌보았다). 회진 중 같은 고향 출신을 만났는데 죽어가는 그를 정말 살리고 싶었다고 했다. 그가 빅터에게 수용소를 떠날 것이냐 물었지만 그렇다고 대답할 수 없었다. 결국 빅터는 탈출을 포기하고 밤새 환자들과 잡담을 나누며 그들을 편안하게 해주었다.

빅터와 환자들이 남은 수용소에 나치들이 불을 지르기로 한 날이 되었다. 빅터는 친구 의사와 두 번째 탈출계획을 다시 세웠다. 시신 3구를 묻으라는 명령이 있는 날이었다. 세 번째 시신을 묻기 위해 나갈 때 탈출하기로 했다. 두 번째 시신을 묻고 돌아오는 친구 의사의 뒤로 적십자 마크가 그려진 차량이 수용소로 들어왔다. 빅터와 수감자들은 모두 환호했다. 더 이상 탈출을 감행하는 위험한 행동을 하지 않아도 되었기 때문이다.

적십자 직원은 수감자들에게 이제 자유라며 수용소를 비워주지 않아도 된다고 했다. 하지만 곧 나치들이 나타나 수용소를 비우라고 했다. 그들의 명단에 빅터는 마지막 세 번째 트럭에 타기로 되었다. 하지만 두 번째 트럭이 떠나고 세 번째 트럭은 오지 않았다. 그 사이 전선前線은 수용소에 더욱 가까워지고 폭탄이 바로 옆에서 터졌다. 조금 지나자 총격이 잠잠해졌다. 하루에 도대체 몇 번의 생사가 왔다 갔다 한 것인가. 빅터는 운명의 신이 우롱한 것으로 생각했다. 하지만 며칠이 지난 후, 자유를 찾아 먼저 떠난 수감자들이 인근 작은 막사에 갇힌 채 불에 타 죽었다는 사실을 알게 되었다.

만약 환자들을 돌보지 않고 먼저 떠났다면? 트럭에 탈 명단의 앞쪽에 이름이 있었다면? 트럭을 타고 떠났다면? 여러 가지 선택의 상황이 있었지만 결국은 빅터 프랭클은 살아남았다.

그는 나치의 수용소에 갇힌 수감자들에게도 선택의 상황은 늘 존재했고, 그런 선택들이 정신적으로나 영적으로 어떤 사람이 될 것인가에 영향을 끼쳤다고 말한다.

쇼펜하우어는《의지와 표상으로서의 세계》에서 '후회'를 '의지의 변화가 아니라 인식의 변화에서 생기는 것'이라고 했다. 나 자신의 의지는 변함이 없지만 의지를 따라가지 않은 인식에 의한 행위에 후회가 생긴다는 것이다.

엄밀히 말하면 지나가 버린 일에 대한 양심의 불안은 결코 후회가 아니고, 의지의 인식에 대한 '고통'이다. 따라서 후회한다는 의미는 의지의 표현이다. 그럼에도 쇼펜하우어는 지난날의 선택으로 행운과 쾌락을 놓쳐버린 것을 한탄하는 일이 가장 미련한 짓이라고 했다. 설령 그때 행운을 붙잡았다 하더라도 지금 무엇이 달라지겠냐는 것이다.

미국의 소설가 한나 해링턴은 무언가를 결정할 때 당신에게 선택의 여지가 없다는 생각으로 내버려 두면 안 된다고 했다. 선택에 집중하라는 것이다. 선택은 자신의 운명에 대한 적극적인 행동이다. 적극적인 행동 없는 결과는 결코 동의할 수 없고 후회(엄밀히 말하면 '고통')를 만들기 때문이다. 자기 인생을 결정짓는 선택이기에 자신이 깊게 관여하고 신중히 판단하여 선택해야 한다.

그렇게 해야만 그에 따르는 결과에 수긍할 수 있다.

그렇다면 어떤 선택이 '올바른' 선택일까. 올바른 선택이란 없다. 단지 상대적으로 '나은' 선택만 있다. 여러 가지 선택지가 있을 때 우선순위를 적어 각각의 장단점을 적어 보자. 그렇게 하면 정보를 객관적으로 볼 수 있어 선택하는데 도움이 된다. 또한 '하는 것'과 '하지 않는 것'의 선택이라면 하는 것을 선택해야 실패할 가능성이 적다.

쇼펜하우어는 충족되지 않은 소망에 따른 고통은 후회의 고통에 비하면 작은 것이라 했다. 소망이 따르는 고통은 끝까지 내다볼 수 없을 만큼 활짝 펼쳐진 미래의 앞에 서 있고, 후회의 고통은 완결되어 돌이킬 수 없는 과거와 마주하고 있기 때문이다. 적극적인 행위를 할 기회가 있음에도 소극적인 선택으로 좋지 않은 결과가 나올 때는 후회가 크다는 말이다. 적극적인 행위를 했지만 좋지 않은 결과가 나왔을 때는 적어도 노력했다고 말할 수 있기에 후회가 상대적으로 적다. '행위'를 하면 그 결과를 기대할 수 있지만 아무것도 하지 않으면 "뭐라도 해볼 걸."이라는 후회만 남기 때문이다.

또한 결과에 대한 두려움보다는 희망적인 기대를 선택하는 게 좋다. 두려움에 의한 선택은 내 적극적 의지를 담을 수 없고, 그로 인해 소극적 선택과 유사한 결과가 나타난다. 결과에 희망을 기대하면 나의 능동적인 의지가 담겨 적극적 선택과 유사한 결과를 낸다.

최선을 다한 심사숙고의 선택은 당신의 고통을 줄여줄 것이다.

끝없는 욕망이
한없는 행복을 끊어낸다

직장에서 승진은 빼놓을 수 없는 훈장이다. 수많은 인간관계의 갈등은 이 승진에서 비롯된다고 해도 과언이 아니다. 경쟁자 간의 갈등은 질투는 물론이거니와 가정의 불화까지 이어지기도 한다. 또한 이런 갈등으로 사람이 죽음에 내몰리기도 한다. 그러기에 승진은 양날의 검과 같아서 갈채와 비난, 영광과 죽음을 모두 가지고 있다.

승진은 그 사람을 평가하는 기준이 된다. 높은 계급에 있는 사람은 일을 성실히 한 사람이라고 생각할 수도 있지만, 승진하기 위해 정치를 매우 잘한 사람으로 여겨지기도 한다. 승진을 못 한 사람은 무능력한 사람이면서 회사 생활에 적응 못 하는 아웃사이

더로 보기도 한다.

나이가 어림에도 높은 계급에 올라간 사람은 갈채보다는 학연, 지연으로 인한 승진이라는 의심의 눈초리를 받는다. 심하게는 직장 내 괴롭힘으로까지 이어진다. 이런 것들은 어린 나이에 높은 계급까지 승진한 동료에 대한 질투에서 비롯된다.

오래 근무했음에도 승진하지 못한 선배를 후배들이 무시하는 일은 너무도 흔하다. 자신의 승진을 위해 경쟁자를 음해하는 경우는 비일비재하며 온갖 비열한 처세들이 난무한다. 그러기에 승진에 관한 생각이 많아진다.

"승진을 빨리 한 사람은 인격적으로 존경받아 마땅한 사람들인가?"

"승진을 제대로 하지 못한 자는 인성이 고약한 사람들인가?"

"승진은 성공을 반증하는 것인가?"

"승진하지 못한 사람은 성공하지 못한 실패한 인생인가?"

"도대체 승진이 뭐길래 집착하는가?"

“오직 승진만을 위해 젊음과 건강, 가족을 소홀히 해도 되는가?”

“승진 때문에 다른 소중한 것들을 놓치고 있는 건 아닌가?”

승진하려고 노력했는데 승진 못 한 사람은 승진한 대상을 트집 잡기도 한다.

“승진할 자격은 무엇인가?”

“승진을 못 한 사람들은 도대체 어떤 사람들인가?”

“그 기준은 누가 정하는 것이고 정답은 무엇인가?

“후배가 승진하도록 평가 점수를 잘 준 상사는 다른 사람을 평가할 수 있는 인간인가?”

“승진으로 얻는 것은 무엇이고 잃는 것은 무엇인가?”

“승진이 뭐기에 많은 사람을 쥐락펴락하는 것인가?”

다수의 사람이 퇴직하는 날까지 ‘승진’을 인생의 목표로 살다가 퇴직하는 날, “이제야 가족의 소중함을 느낀다.”라고 말하는 것을 자주 보았다.

"왜 가족의 소중함을 뒤늦게 느끼는 것일까?"

"퇴직 전에는 그에 대해 말해 주는 사람이 없었는가?"

"사랑하는 가족들을 보면 당연히 알 수 있는 것 아닌가?"

아리스토텔레스는 《니코마코스 윤리학》에서 "현자는 슬픔이 없기를 요구하되 기쁨을 바라지 않는다."라고 했다. 이에 대해 쇼펜하우어는 '모든 향락과 행복은 소극적이지만 고통은 적극적인 것'이라고 해석한다. 몸이 매우 건강한 상태이지만 발가락에 박힌 가시 하나에 고통을 크게 느끼듯, 모든 일이 순조롭게 풀리고 있음에도 단 한 가지 풀리지 않는 것에 신경이 더 크게 쓰고 불쾌한 기분이 든다는 것이다.

승진은 발가락에 박힌 가시나 마찬가지다. 신체는 흠잡을 곳 없이 건강한데 발가락에 박힌 가시 하나가 영 거슬리고 괴롭게 한다. 가족과의 관계도 좋고 아이들은 부모와 행복한 시간을 보내기를 기다리고 건강도 좋으니까 발가락의 가시만 뽑아버리면 된다. 하지만 발가락의 가시를 참고 견디다 보면 짓무르고 고름이 생기고 발가락을 잘라낼 수도 있다는 걱정에 휩싸인다. 가시로 인한 고통으로 신경질이 늘어가고 점차 쇠락해 간다. 그렇게 전전긍긍하다가 발가락을 자른 후 일찍 가시를 제거하지 않았다는 후회를 한다. 그러면 이미 늦은 것이다.

승진으로 얻는 행복은 일시적이다. 계급 위에 계급이 또 있기 때문이다. 가시 하나를 겨우겨우 뺐는데 다른 가시가 또 박힌 것이다. 한 번 승진을 한 사람은 승진의 욕망이 끝이 없다. 다다를 수 없는 계급까지 승진하거나 퇴직해야 그 욕망이 끝이 난다.

인생의 목적은 고통이고, 세계는 지옥이라고 한 쇼펜하우어는 이런 고통이 없는 상태야말로 행복의 상태라고 했다. 그러므로 고통을 참으면서까지 향락을 사려고 해서는 안 된다. 여기에 '승진'이라는 욕망을 대입해 보자. 승진을 제외한 다른 것들의 희생과 고통을 참으면서까지 승진하려고 애쓰는 것은 행복한 처사가 아니다. 차라리 이런 지옥 같은 세상에서 살아남을 궁리를 하는 사람이 낫다.

12세기의 페르시아 시인 '안바리 소헤일리'[19]는 다음과 같이 노래했다.

그대 세상을 잃었다 해도
한탄하지 마라, 이는 아무것도 아니니.
그대 세상을 손에 넣었다 해도
기뻐하지 마라, 이는 아무것도 아니니.
괴로움도 기쁨도 언젠가는 사라지게 마련이거늘.
세상을 다만 스쳐서 지나가라, 이는 아무것도 아니니.

---

19 안바리(1126년~1189년)는 중세 페르시아 송시(頌詩) 시인이다. 아비바르드에서 태어나 투스에서 배웠다. 셀주크 왕조 말기의 술탄 산자르를 섬긴 저명한 궁정시인으로 점성술에 뛰어났고 최고의 송시 시인으로 평가된다. 오구즈 터키족의 침입을 읊은 <호라산의 눈물>이란 제목을 붙인 시가 특히 유명하다. <안바리 시집>에는 서정시도 제법 많이 포함되어 있어 비범한 시재(詩才)를 보여 준다.

승진했다고 기뻐할 필요 없다. 승진에 실패했다고 괴로워할 필요도 없다. 동료가 승진했다면 기꺼이 축하해 주자. 옆의 동료가 승진에 실패했다면 진심어린 위로를 전해야 한다. 참된 기쁨은 승진에 있지 않다.

나에게 관심 갖는 사람은 결국 나일 수밖에 없다

업무 외에 무엇인가 정말 하고 싶은데 그것이 무엇인지 모르겠다고 하는 사람들이 의외로 많다. 자신의 욕구가 무엇인지 정확히 알 수 없다는 말이다.

우리는 아주 어릴 때부터 일등이 아니면 아무런 의미가 없는 것처럼 교육을 받아왔다. 자기 적성도 모른 채 공부에만 매달린 것이다. 시대가 변한 지금도 그런 '혹사'는 계속되고 있다. 당연히 일등은 한 명밖에 없고 꼴찌 역시 늘 존재한다. 각 학교의 일등끼리 모인 자리에서도 일등과 꼴찌는 각 단 한 명씩 존재한다. 성적순으로 줄을 세우는 사회. 오죽하면 어느 개그맨이 "일등만 기억하는 더러운 세상!"이라는 말을 유행시켰을까.

어느 선배는 학교 공부도 잘했지만 부모를 잘 만나 대치동에 있는 학원에도 다녔다. 그리고 남들이 부러워할 법한 대학에 입학하고 졸업을 했다. 하지만 정작 그는 자신이 무엇을 하고 싶은지 몰랐다. 그냥 공부 좀 하니까 부모님이 시키는 대로 하다가 지금에 이르렀다고 말했다. 그는 씁쓸하게 웃으며 대치동에서 함께 공부했던 친구들 모두 자기와 크게 다르지 않다고 했다. 직장생활을 벌써 몇 년째 하고 있지만 지금 하는 일이 자기 인생과 맞는 것인지도 모르겠고, 그저 흘러가는 시간에 자신을 맡길 뿐이라고 한다. 공부를 잘해도 자신들이 무엇을 원하는지 알지 못하는 비극이 현재 진행되는 것이다.

사회적 구조 때문일까. 우리는 어릴 때는 적성에 맞지도 않는 공부로 세월을 낭비했고, 어른이 되어서는 먹고 살기 급급해 아등바등 살고 있다. 힘들지만 다른 사람도 다 그렇게 사니 그런가 보다 한다. 주변에 경제적 여유가 있는 사람들은 골프, 테니스, 해외여행 등 자신을 위한 시간을 가지는데, 정작 당신은 그럴 여유도 없을 뿐더러 뭘 좋아하는지조차 알 수 없다. 굳이 비싼 운동을 하지 않더라도 자기를 위한 시간을 일주일에 몇 번이라도 가지며 만족하는 사람들을 보면 그저 신기할 따름이다. 동시에 '저들은 자신이 무엇을 좋아하는지 어떻게 알았지?'라는 의문이 든다.

대부분의 자기계발서를 보면 간절히 원하는 목표를 위해 조급해하지 않으며 열심히 하면 언젠가는 유의미한 결과가 나올 것이라 한다. 하지만 사실 많은 사람은 간절함을 느낄 대상을 알지 못한다. 본인이 무엇을 좋아하는지, 무엇을 하고 싶은지를 모른다는 것이다. 무엇을 좋아하는지 무엇을 하고 싶은지도 모르는데 어떻게 간절히 원하고 그 목표를 향해 노력한다는 말인가.

너무 오랜 세월 당신은 타의에 의해 아주 성실하게 잘 살아왔다. 그렇게 성실할수록 자신이 무엇을 원하는지 잘 모를 수밖에 없었다. 그저 사회에서 요구하는 삶을 묵묵히 살아왔기 때문이다. 그로 인해 당신이 무엇을 원하고 있는지 모르는 것은 어쩌면 당연하다. 이 문제에서는 생각보다 많은 사람이 어려움을 겪고 있다. 이제는 당신의 진정한 소망, 당신이 추구하는 가치를 알아채고 이해하는 것이 필요하다.

쇼펜하우어는 "인간은 자신을 모르고 자신을 오해하기도 한다."라고 했다. 그래서 자신을 알고 싶어 스스로 성격검사MBTI를 해보는 건 아닐까. 자신 안에 여러 성격이 존재하지만 그중 어떤 성격이 강하고 전체적 성향은 어떤지 알고자 하는 것이다.

어떤 성격을 개발하고자 한다면 개발하고자 하는 성격에만 치중해야 한다. 하나를 선택해 소유하고자 한다면 다른 것에는 관심을 두지 않아야 한다는 의미이다. 비슷하거나 혹은 다른 대상에 모두 관심을 두면 자신이 집중하려는 것에서 옆으로 빠져나가고, 뒷걸음질 치며 인생은 지그재그 흔들린다. 결국 아무것도 하지 못하게 된다. 따라서 당신이 하고자 하는 목표가 있다면 다른 것들은 모두 단념해야 한다. 단순한 의욕이 아닌 자신의 욕구가 무엇인지 알고 그 욕구를 위해 자신이 무엇을 할 수 있는지 명확하게 아는 것이 중요하다.

원하는 것은 어떻게 찾을 수 있는가. 쇼펜하우어는 인생의 설계도를 한눈에 바라본다는 것은 자신을 굳세게 하고 분발시키며 활기를 불어넣어 곁길로 가는 것을 막아주는 것이라고 했다. 사소한 것이라도 다른 것은 덮어두고 자신이 가장 바라는 것이 무엇인지 생각해 보라는 것이다. 완벽하게 사리 분별하면서 자기의 경험에 내포된 모든 교훈을 끄집어내기 위해서는 몇 번이고 다시 생각해야 한다. 경험 속 판단과 지금의 것을 비교하고 계획과 노력도 비교해 볼 필요가 있다.

여러 가지 아이디어들이 떠오른다면 종이를 펴고 자신의 장점과 단점을 생각나는 대로 최대한 많이 써보자. 그리고 좋아하는 것과 싫어하는 것, 당신이 보는 당신의 모습과 다른 사람들이 보는 당신의 모습, 그리고 당신이 되고 싶은 모습을 기록하여 정리해 보면 무엇부터 시작해야 할지 힌트가 보일 것이다.

그래도 모르겠다면 직접 다양한 경험을 해보는 것을 추천한다. 어릴 때 칭찬을 받았던 경험을 떠올려 그때 잘했던 것을 먼저 시작해 보면 좋다. 그림 그리기, 만들기, 악기연주, 운동, 요리, 글쓰기, 말하기 등 여러 가지가 될 수 있다. 만약 어릴 때 칭찬받았던 기억이 잘 나지 않는다면 지금 당장 해보고 싶은 것으로 시작해도 좋다. 흥미가 있는지 알기 위해서는 직접 해보는 수밖에 없기 때문이다.

직접 경험해 보는 데 시간과 금전적인 여유가 없다면 도서관에 가서 관련 책들을 읽어보는 것도 좋은 방법이다. 책이 출판되기까지는 저자의 수많은 경험은 물론 관련 전문가의 고민과 노력이 함축되어 있다. 그러기에 간접경험으로 독서만큼 좋은 것이 없는 것이다. 만약 무슨 책을 읽을지 모르겠다면 일단 베스트셀러 위주로 읽기 시작하는 것도 좋은 방법이다. 베스트셀러를 통해 최근 트렌드를 알 수도 있고, 책 선택에 실패할 확률도 낮기 때문이다.

여기에 더해 매일 일과를 기록해 보자. 오늘 하루 무엇을 할 때 흥미로웠고, 무엇을 할 때 하기 싫었는지 조금씩이라도 기록해 두는 것이다. 그러면 그 기록이 누적되어 결국 당신조차도 몰랐던 당신에 대한 정보가 된다.

"재능이 없는 사람은 없다."라고 발타자르 그라시안이 말했다.

“

현존하는 인물 중 가장 중요한 인물은 누구일까.
이 질문에 다들 손가락을 꼽으며 위대한 인물을 떠올릴 것이다.
하지만 모두 틀렸다. 정답은 바로 ‘나’이다.
‘나’란 존재가 세상에 없으면 아무것도 중요한 게 없어진다.
이것은 진리다. 그러므로 ‘나’에게 더 집중해야 한다.
쇼펜하우어도 그랬다.

”

자신을 소우주로 만들고 자신의 안목과 지성을 갈고 닦아 자신의 강점을 파악하고 그것에 집중해 보자. 그리고 자기 지성이 지닌 힘과 능력의 범위를 파악하여 삶에 적용하자. 이때 주의할 점은 자신을 신뢰해야 한다는 것이다. 판단력에 특별한 문제가 없는 이상 자기 마음의 소리를 거부하지 말아야 한다. 많은 사람이 자기 신뢰가 없어서 실패한다. 당장 효과적인 묘책이 없다면 자기 마음만큼 믿을 만한 것이 어디 있겠는가.

다만, 원하는 것을 선택할 때 중요하게 고려해야 할 점이 있다. 원하는 게 목표가 되면 안 된다는 것이다. 목표는 이루고 나면 다음에 할 게 없다. 또한 원하는 게 목표가 되면 그 과정이 괴롭다. 그리고 과정이 괴로우면 목표에 도달하지 못하는 것은 너무도 당연한 결과이다. 두더지는 시도 때도 없이 땅만 판다. 두더지가 땅 파는 게 괴롭다면 살 수 없을 것이다. 땅 파는 것 자체를 즐겨야 한다.

당신 역시 과정이 즐거운 것을 선택해야 한다. 그래야 오랫동안 즐거움을 유지할 수 있다. 다른 사람을 부러워할 필요도 없다.

그 사람들이 그 일을 즐긴다고 당신도 그 일을 즐길 수는 없다. 당신의 성격에 맞는 건 따로 있기 때문이다. 따라서 자신의 성향을 알고 자신의 모든 능력을 알게 되면 당신은 한층 더 행복에 가까워진다.

우리는 모두 인간이다. 사람에 따라 어쩔 수 없는 한계가 있기 때문에 한계를 극복하려는 시도를 즐기지 못하면 괴롭다. 어느 정도 한계를 인정하고 시도하는 것, 행복의 꼭 필요한 부분임을 잊지 말자.

epilogue

나의 불행에 쇼펜하우어가 답하다

모두가 말한다. 살면서 가장 어려운 것이 '인간관계'라고.

유난히 인간관계가 힘들었던 나는, 계속해서 의문만이 가득했을 뿐 해답을 찾을 수 없었다.

학창 시절 친구들과의 갈등에서부터였나 보다. 주변 어른들에게 물어봐도 "그냥 무시해." 혹은 "그냥 피해."라며 붙어 다니지 않으면 된다는 말만 되돌아올 뿐이었다. 지금 생각해 보면 그 어른들도 인간관계에 대한 현명한 해결책을 몰랐던 것이다.

그렇게 생긴 피하기만 했던 습관은 직장생활에도 이어졌다. 누군가로부터 상처를 받거나 갈등 상황이 생기면 피하기만 했고, 그런 모습은 공격자들에게 자신의 '강함'을 드러낼 수 있는 좋은 먹

잇감이 되었던 것 같다. 누가 그랬던가, 죽은 개는 발로 차지도 않는다고. 그런데 직장에서는 죽어가는 사람을 짓밟아 자신의 강인함을 증명하고자 하는 사람들로 넘쳐났다.

도대체 왜 이런 일이 반복될까.

혹자는 "네가 만만하게 보여서 그래. 만만하게 보이지 마."라고 말하기도 했다.

만만하지 않게 보인 사람의 잘못인가. 그럼 도대체 만만하게 보이지 않는 방법은 무엇이란 말인가. 만만하게 보이지 말라는 말만 하지 말고 그 방법을 알려달라는 말이다.

인간관계의 해법을 찾아 집착하며 이 책 저 책 방랑하다가 쇼펜하우어의《쇼펜하우어의 인생철학》과《의지와 표상으로서의 세계》, 마르쿠스 아우렐리우스의《명상록》, 빅터 프랭클의《죽음의 수용소에서》, 발타자르 그라시안의《아주 세속적인 지혜》심취하게 되었다.

이 책들을 몇 번이고 줄을 치며 읽었고, 아르키메데스처럼 유레카를 외치며 무릎을 몇 번이나 쳤는지 모른다. 그 결과 이 책에 내게 깨달음을 준 부분들이 인용되었다.

책을 쓰는 동안 행복했다. 내가 10년 넘게 찾아 헤맨 해법을 나와 같은 고통 속에 있는 사람들과 나눌 수 있으니 말이다.

난 그저 당신이 인간관계에 고통을 받지 않았으면 좋겠고, 미래의 불안에 떨지 않고 행복했으면 좋겠다.

그뿐이다.

이 책을 쓰는 동안 묵묵히 응원해 주며, 육아를 전담해 준 남편에게 감사의 말을 전한다.

현명한 사람은 고통이 없기를 바랄 뿐
쾌락을 원하지 않는다.

명예는 너무나 불안정한 자극이며,
세월이 지날수록 허무해지는 가치이다.